우리 모두의
경제적 자유를 위하여 !

요즘 투자

요즘 투자

돈공부 빼고 다 배운 당신을 위한

똔누(임종현) 지음

트러스트북스

프롤로그

성공한 사람들의 이야기를 전할 때면 하나같이 이렇게 말한다.

"걘 집이 잘 살았으니까 그렇지."
"내 인생은 이미 틀렸어."

콩 심은 데 콩 나고, 팥 심은 데 팥 난다고, 물론 돈 많은 집에서 태어났다면 부유한 삶을 누리고 성공한 인생을 살 가능성이 클 수는 있다. 하지만 성공한 이들은 당신과 같은 환경에서 나고 자랐어도 분명 성공했을 것이다.

반대로, 당신은 그들과 같은 환경에서 나고 자랐어도 성공하기 어려웠을 것이다. 지금 같은 '나는 안 될 거야'라는 마인드라면 말이다. 자신의 가능성을 낮추어 평가하는 사람은 결코 성장할 수도, 성공할 수도 없다.

나도 한때는 성공한 많은 이들이 자서전에서 "당신도 할 수 있다"고 말할 때면 '당신이니까 가능한 거겠죠' 하며 삐딱하게 생각했다. 하지만 이제 나는 그들의 말이 허울 좋은 거짓이 아니라는 사실을 안다.

이 책을 통해 평범했던, 어쩌면 당신보다 더 열등했던 내가 목표했던 바를 달성해 내기까지의 과정을 그리며 당신도 충분히 할 수 있다는 메시지를 전하고자 한다. 어쩌면 너무나 진부한 그 이야기를 어떻게 하면 '남의 이야기'가 아닌 '당신의 이야기'로 와닿게 전할 수 있을지를 고민하며 이 책을 썼다.

나의 이야기가 누군가에게 가닿아 그 삶의 터닝포인트가 된다면 더할 나위 없이 좋겠다. 스스로 충분히 큰 부를 축적해 나갈 수 있다는 사실을 함께 증명할 동지를 얻는 것, 그것이 내가 책을 쓴 동기이며 나의 이야기를 공유하는 이유다.

우리 세대는 이전의 어느 세대보다 많은 정보에 노출되어 있다. 의지만 있다면, 그리고 꾸준히 실천만 해나간다면 우리는 누구나 부자가 될 수 있는 축복받은 세대다. 핑계만 찾지 말고 앞으로 나아가자.

우리가 원하는 삶이 기다리고 있다.

Contents

2부 다시, 관점을 리셋하다

3부 자본주의에서 부자가 되기 위한 필요조건

4부 자본주의의 꽃, 주식투자의 세계

5부 미국이라는 황금알을 낳는 거위 -ETF 장기투자의 마법

6부 수익극대화 전략 – 자본이 일하게 하는 법

1

시대가 주입한
가짜 행복

대통령을 꿈꾸던 아이들

이어폰을 꽂은 채 스마트폰을 보며 마치 복제인간이 된 듯 바삐 움직이는 똑같은 모습들, 매일 보이는 흔한 출근길의 광경이다. 어린 시절 당신의 꿈은 무엇이었는가? 그 시절 우리는 모두 그럴듯한 장래희망 하나씩은 가지고 있었다.

어렸을 때 나는 꿈이 참 많았다. TV에서 소방관이 멋지게 등장하면 소방관이 되고 싶었고, 며칠 뒤 경찰관이 멋지게 나오는 장면을 보고는 금세 장래희망이 경찰관으로 바뀌곤 했다. 심지어 초등학교 고학년이 되어서는 대통령이 되겠다며 너스레를 떨고 다녔다.

당시의 내가 진짜 소방관, 경찰관, 대통령이 되고 싶었던 건지는 모르겠지만 한 가지는 분명하다. 나는 특별한 사람이 되고 싶었다. 사실 평범하지 않은 특별한 사람이 되고 싶은 마음은 어른이 되어서도 여전하다.

우리는 남보다 특출난 구석 하나쯤은 있기를 바라고, 무엇보다 부모님께 자랑스러운 자식이 되고 싶은 바람을 갖고 산다. 어쩌면 사람은 태어나서부터 죽을 때까지 평범한 인간이 아닌 특별한, 그래서 세상에 존재 가치를 인정받고 싶어 이토록 애쓰며 살아가고 있는 것이 아닐까.

하지만 우리의 바람과는 상관없이 학교는 우리에게 말 잘 듣는 평범한 학생이 되라고 요구하고, 회사는 튀지 않고 그저 기계처럼 묵묵히 일하는 직장인이 되기를 강요한다. 무엇이든 되고 싶었고 무엇이든 될 수 있다고 믿었던 어린 시절의 꼬마 영웅 대신 명문대 입학, 대기업 취직이라는 똑같은 목표를 가슴속에 품은 채, 이어폰을 꽂고 스마트폰 화면만 들여다보며 똑같은 모습으로 출근하는, 지극히 현실적인 소시민들만 남았다.

현실은 우리의 한계를 명확하게 알려주는데 어린 시절 꾸던 허황된 꿈에만 매달리며 평생을 내 뒷바라지하느라 고생하신 부모님의 등골브레이커로 언제까지나 지낼 수는 없는 노릇이다.

그래서 더더욱 명문대 입학, 대기업 취직만이 부모님께 할 수 있는 유일한 효도, 남들 보기에게도 썩 괜찮은 인생 같다.

"당신은 지금 행복한가요?"라는 진부한 질문에 대다수는 그렇지 않다고 답하면서도, 사실 마음 한구석에는 지금처럼 열심히 살다 보면 언젠가는 행복을 보상받을 수 있으리라는 막연한 희망을 버리지 않고 있다.

그러나 '명문대에 입학하거나 대기업에 취직하면, 혹은 돈을 많이 벌면 지금보다는 행복해지겠지'하는 막연한 생각으로는 결코 명문대에 입학할 수도, 대기업에 취직할 수도, 부자가 될 수도 없다. 하지만 분명하게 이야기하고 싶다.

설령 그렇게 된다고 하더라도,
그것들이 당신이 원하는 삶을 보장해주지는 않는다.

부자혐오, 그 모순

평범한 우리가 대단한(?) 부자를 실제로 만날 수 있는 기회는 흔치 않다. 약 8년 전 스튜디오에서 어시스턴트로 일할 때 딱 3명의 부자를 만날 기회가 있었는데, 한 명은 이름만 들으면 다들 아는 명품 브랜드의 CEO였고 한 명은 저명한 예술가, 다른 한 명은 광고기업의 창립자였다.

아이러니하게도 셋의 공통점은 지극히 평범했다는 것이다. 지인이 말해 주지 않았다면 나는 그들이 수십, 수백억대의 자산가였다는 사실을 전혀 몰랐을 것이다. 내가 상상했던 부자의 모습은 포마드로 올린 머리에 롤렉스 시계를 차고 감히 말을 걸 수

요즘 투자

도 없는 카리스마와 차가운 인상이었는데, 오히려 그들은 너무도 평범한 차림에 일반인보다 좋은 매너와 따뜻한 인상을 가지고 있었고 자주 미소 지었다.

다만 그들이 엄청난 자산가라는 사실을 몰랐던 상태에서도 인격적으로 배울 점이 많겠다는 특별한 느낌을 받았다. 아주 잠시였지만, 그들과 대화를 나누었던 경험은 그 전까지 내가 부자들에 대해 가지고 있던 인식을 완전히 바꾸는 계기가 되었다.

우리는 부를 갈망하고 부자의 삶을 동경하는 동시에 부자를 혐오한다. 포르쉐를 탄 성공한 사업가를 보면 금수저를 물고 태어났으니 가능한 거라고 확신하며 탈세하지는 않았는지, 부정한 방법으로 돈을 벌지는 않았는지 의심하거나 재벌가 자제들을 보며 돈은 많겠지만 분명 삶은 행복하지 않으리라고 단정 짓는다.

영화나 드라마에서는 여전히 가난한 주인공이 한없이 인간적인 선으로 그려지는 반면, 부자들은 경쟁을 위해 수단과 방법을 가리지 않는 악인으로 등장하고, 미디어는 앞다투어 자극적인 타이틀로 계층 간 갈등과 부자혐오를 조장한다.

어려서부터 돈 밝히면 안 된다며 돈에 대한 언급 자체를 터부시했던 유교문화와, 위법하고 부적절한 방식으로 부를 축적해온 부자들이 주를 이루었던 과거의 역사를 보면 '부자는 죄다 부정한 방법으로 부를 이룬 사기꾼'이라는 인식은 어쩌면 당연한 일일지 모른다. 하지만 현재의 삶과 부자의 삶 중 선택할 수 있는 기회가 주어진다면 절대다수는 그렇게도 혐오하던 부자가 되기를 선택할 것이다.

부에 대한 이런 이중 잣대는 우리가 부자가 될 수 없도록 만드는 장애물로 작용한다. 성공한 이들은 하나같이 이렇게 말한다.

"부자가 되고 싶다면 첫째, 돈과 부자를 증오하지 말라."

돈을 많이 버는 사람들은 일반 사람들과는 다른 뇌 구조를 가지고 있다. 그들은 적게 일하고 많이 버는 법을 알고 있고 그 방법을 세상에 널리 알리려 하지만 안타깝게도 그것을 이해하는 사람은 극소수이다. 그러나 부자가 되려면 그들과 같이 말하고 생각해야 하며, 그들이 보는 시선으로 세상을 바라보고 이해해야 한다.

돈보다는 행복을 추구합니다

부는 선과 악, 행복과 불행을 가르는 절대 기준이 아니다. '돈보다 행복'이라는 말이 그 자체로 모순인 이유도 바로 여기에 있다. 굳이 따지자면 '돈이 많아서' 불행할 확률보다는 '돈이 없어서' 불행할 확률이 훨씬 더 높다는 사실을 알면서도, 부자가 되고는 싶지만 부자가 되려는 노력은 하기 싫을 때 우리는 "돈보다는 행복을 추구한다"며 나태한 자신을 스스로 합리화한다.

20대의 나는 나에 대해 정의하고 증명해 보이기를 좋아했다. 당시 내가 입에 달고 살던 말은 '돈보다는 행복'이었다. 나는 어려서부터 둘째가라면 서러운 자타공인 고집쟁이였는데, 당시에

는 20대의 패기까지 더해져 근거 없는 똥고집이 거의 절정에 이
르렀을 때였다.

"지금이 행복하면 되는 거지. 저축? 투자? 돈? 다 부질없어."
"나는 내가 사랑하는 사람이랑 여행 다니면서 행복하게 살 거야."
(만약 지금의 내가 그때의 나를 만난다면 뒤통수를 몇 대 후려쳤거
나 뒷목 잡고 쓰러졌을 것이다.)

하지만 다행히도 '돈보다는 행복'이라는 자랑스러웠던 나의
좌우명은 얼마 가지 않아 산산조각이 났다. 6년 전, 나는 유명
포토그래퍼가 되겠다는 거창한 꿈을 품고 다니던 스튜디오에서
퇴사한 뒤 기약 없이 휴식 중이었다. 대학교는 휴학한 상태였고
특별한 계획도 없었다. 당시 1년 정도 교제 중인 연상 여자친구
는 작은 사업을 하고 있었는데, 마침 사진을 찍어줄 사람이 필요
해서 가끔 도와주고는 했다.

그러던 어느 날, 여자친구가 부모님과 전화로 다투는 소리를
듣게 되었다. 들어보니 여자친구와 나의 미래를 걱정하는 부모
님과의 마찰이었다. 둘이 벌어 한 달에 겨우 200만원, 이마저도
고정수입도 아니니 당시 여자친구의 부모님 입장에서는 나이도,

생각도 한참 어린 친구와 연애하는 딸이 한심했을 것이다.

그 순간 나는 자존심이 크게 상하고, 처참히 무너지는 느낌이었다. '돈보다는 행복'이라는 그간의 소신은 온데간데없이 사라지고 열등감만 덩그렇게 남았다. 사실 '돈보다 행복'을 추구하자는 나의 가치관에 대한 진정한 확신이 있었다면 적어도 여자친구의 부모님을 설득하려는 시도라도 했을 텐데, 나는 그러지 못했다. 얼마를 벌든 사랑하는 사람을 지키며 행복할 자신이 있었다면 그토록 자존심이 상하거나 열등감을 느낄 이유가 없었을 것이다. 진짜 소신이 아니라 일종의 최면이었다.

부자가 되고는 싶지만 부자가 되려는 노력은 하기 싫을 때 '돈보다는 행복'을 추구한다며 나태한 자신을 스스로 합리화하는 사람, 그게 바로 나였다. 겉으로는 예술가 흉내를 내지만 사실은 실력도, 소신도 없이 꼿꼿한 자존심만 남은 패배자, 그 치부를 들키기가 죽기보다 두려웠던 내가 자존심을 지키는 방법은 당장 보란 듯이 돈을 버는 방법밖엔 없었다. 며칠 뒤, 적지만 고정급여를 받을 수 있는 중소기업에 입사했다. 그리고 다짐했다.

'이제부터 내 목표는 오로지 돈이다. 어디 가서 돈 때문에 무시 받는 일은 없을 거야. 보란 듯이 벌고 악착같이 모아서 인정받고 말 거야.'

우스운 노릇이었다. '돈보다는 행복'이 우선가치라고 당당히 이야기하며 돈 밝히는 사람은 죄다 속물이라고 비웃었던 소신이 며칠 만에 부침개 뒤집듯 이토록 쉽게 뒤집히다니.

우리가 소신이라고 믿던 것들은 이렇게나 사소한 이유로 바뀌기도 하고, 때로는 일생일대의 사건을 통해 무너지기도 한다. 치기 어렸던 나의 지난날, 소신이라며 지켜왔던 것들의 대부분은 나의 고집과 아집이었다. 중요한 사실은, 지금 우리의 사고와 가치관이 영원할 거라고 단정해서는 안 된다는 점이다.

우리 대다수는 아직 인생의 반도 채 살지 못했고, 수많은 시행착오를 거쳐 계속 수정하고 다듬어나가는 과정 중이라는 사실을 잊어서는 안 된다. 인간은 평생에 걸쳐 계속 변화하는 완성되지 않은 존재임을 인정할 때, 비로소 성장할 수 있는 무한한 가능성이 열리게 된다.

3등급 한돈, 돌파구를 찾다

이처럼 우습고 단순한 이유로 나는 회사에 입사했고, 열등감을 원동력 삼아 버는 족족 악착같이 돈을 모으기 시작했다. 워라밸 따위 생각할 겨를도 없이, 오로지 돈을 모으고자 하는 열정에 야근도 자처하며 닥치는 대로 일하고, 모으고, 일하고, 모으고를 반복하던 어느 날, 문득 이런 생각이 들었다.

'나는 이렇게 죽어라 일하는데 딱 일한 시간만큼만 돈을 벌 수 있는 거잖아? 월급이 오르는 것도 결국 상한선이라는 게 있을 텐데, 그럼 결국 죽도록 일해도 평생 내가 벌고 모을 수 있는 돈은 정해져 있는 건가?'

갑자기 모든 것이 허무해지고, 3등급 판정 도장이 찍혀버린 돼지고기가 된 기분이 들었다.

저축원금, 예적금의 코딱지만 한 이자율을 가지고 부자가 되기란 거의 불가능에 가까웠다. 무작정 열심히 벌고 모으면 언젠간 부자가 될 수 있을 거라는 막연한 내 희망은 실현 불가능한 이상이었다는 현실을 깨닫자 정신이 번쩍 들었다.

이대로 부자가 되기를 포기할 수는 없었기에,
나는 빨리 다른 돌파구를 찾아야만 했다.

부자가 될 가능성
vs 거지가 될 가능성

나는 확률을 좋아한다. 확률은 어떤 일이 일어날 가능성을 판단하여 더욱 현명한 선택을 할 수 있는 기준이 되어주는데, 고맙게도 요즘은 이런 통계적 정보가 넘쳐나는 시대다. 통계는 표본이 넓으면 넓을수록 신뢰도가 더욱 높아지는데, 통계적 확률에는 아주 무서운 구석이 있다. 바로 우리 모두가 그 통계의 범주에서 자유로울 수 없다는 사실이다.

우리가 전국적으로 사용하고 있는 A라는 백신을 맞는다고 가정해보자. A백신의 접종률이 높아짐에 따라 부작용 확률도 덩달아 높아지게 되고, 백신을 맞는 순간 우리도 그 확률 안에서 자유로울 수 없게 된다. 부작용 확률이 1% 정도라고 한다면 대부분의 사람들은 안심한다. 99% 확률로 부작용이 일어나지 않기 때문이다.

하지만 부작용 확률이 20%라고 한다면 어떨까? 대부분은 지레 겁을 먹고 백신 접종을 꺼릴 것이다. 100명 중 1명이 아닌 10명 중 2명이 부작용이 일어나니 훨씬 더 두려울 수밖에. 그런데 1%에서 19%가 늘었다 해도 확률은 고작 20%인데 왜 그리 호들갑인 걸까? 우리나라 노인빈곤율은 50%에 임박하는데도 그토록 안일하면서 말이다.

통계에 따르면 OECD 국가 중 대한민국은 노인빈곤율이 최고 수준에 달해 있다. 하지만 많은 사람들이 여전히 욜로와 플렉스에서 벗어나질 못한다. 물론 바쁜 현실을 살아내느라 미래를 걱정을 할 여력이 없는 사람들도 많다. 당장 오늘을 살기도 버거운데 10년 뒤, 20년 뒤의 계획을 세우고 대비하는 일은 무리라고 생각하며 그저 '지금 최선을 다해서 열심히 살면 나중에 어떻게 잘되겠지' 하는 막연한 긍정론과 타협하고 있다. '내가 지금 부유하지는 않지만 그렇다고 해서 불행하지도 않은데, 그때가 되면 어떻게든 되겠지' 하는 생각으로 말이다.

그런데 안정적인 삶이란 나이가 들면 저절로 따라오는 것일까? 길을 걷다가 나이 드신 어르신들을 볼 때마다 문득 드는 생각이 있다.

'저렇게 나이가 들었을 땐 걱정 없이 살 수 있을까?'

'저 나이가 되면 여유 있게 해외여행이나 다니고 싶다.'

그러고는 과거를 떠올려본다. 십대 시절 나는 서른 즈음인 사람들을 완전한 어른, 그야말로 세상을 통달한 진짜 성인이라 생각했다. '나도 서른이 되면 지금의 걱정들은 모두 사라지고 주변의 구속으로부터 자유로운, 안정적인 삶을 살 수 있겠지?' 하지만 서른이 된 지금의 나는 여전히, 아니 그보다 몇 배는 더 혼란스럽고 걱정투성이의 삶을 살고 있다.

안타깝지만 나이를 먹는다고 더 나은 삶이 보장되지는 않는다. 아무런 노력도, 대비도 없이 그저 현재만 꾸역꾸역 살아내는 이들이 맞게 될 미래는 생각보다 더 처참하고 비참하다. 우리의 60, 70대, 그 이후를 상상해보자. 그땐 신체적으로도 지금처럼 건강하지 못할 텐데, 설상가상으로 경제적으로도 빈곤한 상황이라면?

지금이야 내 몸을 혹사하며 일하면 적어도 혼자 먹고살 만큼의 돈은 벌 수 있다지만, 그마저도 할 수 없어질 땐? 자식들에게 죽는 소리, 앓는 소리 해가며 의지하는 것 말고는 할 수 있는 일이 없다면, 바꿀 수 있는 것이 없다면 그 얼마나 비참한 삶일지,

상상만 해도 끔찍하다.

이 모든 가정은 우리가 처할 미래의 상황이다. 지금처럼 그저 흘러가는 대로 살았을 때, 당신이 부자가 될 확률은 몇 퍼센트인가? 더 구체적으로는 빈곤한 독거노인이 될 가능성은 몇 퍼센트라고 생각하는가? '나는 어차피 혼자 살 거니까 상관없어. 짧고 굵게 살다 죽으면 되지'라는 생각으로 위안 삼는 사람이 있다면, 섣불리 단언하지 말자. 살면서 우리가 소신이라 믿는 가치관조차 경험이 더해감에 따라 완전히 다른 방향으로 틀어지는 일은 부지기수이다.

서두에서 이야기했듯 인간은 평생에 걸쳐 변화하는 존재이기에, 우리는 늘 모든 가능성을 열어두고 미래를 대비해야 한다. 그제야 지난날을 후회해봐야 이미 늦었다. 바로 지금이어야만 가능하다. 지금껏 당신의 인생은 당신 뜻대로, 계획대로 흘러왔던가?

나이가 많으면 많을수록 잘 알 것이다. 삶은 내 의지와 계획대로 흘러가지 않으며 무수히 많은 변수가 존재한다는 사실을. 만약 당신이 비혼주의자인데 갑자기 결혼하고 싶은 상대가 나타난다면? 딩크족을 외치던 당신이 나이가 들어가며 아이를 키우고 싶어진다면?

동기부여의 함정

한때 동기부여, 자기계발이라는 키워드가 유행처럼 번진 적이 있다. 지금도 베스트셀러로 꼽히는 책들은 대부분 자기계발서들다.

그런 책이나 영상들을 보면 어떤 감정이 드는가? 가슴이 벅차고, 의욕이 샘솟고, 의지가 불타오르지 않는가? 그렇다면 그 감정을 일 년에 몇 번 정도 느끼고 있는가?

나도 그런 류의 동기부여 책이나 영상들을 참 좋아한다. 보고 나면 지금 당장 더 가치 있는 삶을 살 수 있을 것만 같고 왜 이제야 깨달았을까 하면서 앞으로의 인생에 대한 기대감에 가득 차기 때문이다.

그런데 혹시 이런 감정을 너무 자주 느끼지는 않은가? 그에 비해 당신의 삶은 얼마나 변화하고 발전했는가?

동기부여, 좋다. 자기계발, 물론 좋다. 하지만 안타깝게도 이런 영상 10번 본다고 해서, 이런 책 10권 읽는다고 해서 당신의 인생이 달라지지는 않는다. 기초학습도 안 된 사람이 전교 1등 비법서 본다고 바로 성적이 오를까? 우리는 늘 별다른 노력이나 과정 없이 뭔가를 공짜로 얻으려고 한다(물론 나도 그렇다). 하지만 성공은 만렙으로 렙업점프하듯 일순간에 이루어지지 않는다.

당장 눈앞에 놓여있는 일조차 실천하지 못하고 차일피일 미루면서 누군가의 성공 이야기만 좇으며 먼 미래에 나도 그처럼 대단한 무언가가 되어있을 거라고 믿는다면, 그것은 꿈이 아니라 허황된 망상이다. 몇 해 전 '인간의 조건'이라는 예능 프로그램에서 개그맨 유재석이 이런 말을 했다.

"신인들은 당장 녹화가 급한데 미래에 대한 고민으로 밤을 새우고, 정작 녹화장에서는 실수를 해."

영국의 역사가 토마스 칼라일은 불안에 사로잡혀 있는 많은 이들에게 이렇게 충고했다.

"우리에게 제일 중요한 일은 먼 곳에서 희미하게 보이는 것을 보려고 노력하는 것이 아니라 눈앞에 분명하게 보이는 일을 하는 것이다."

또 한 가지 명심해야 하는 것은, 당신이 보고 듣는 누군가의 성공 스토리는 생각만큼 달콤하지만은 않다는 사실이다. 어쩌면 그 과정은 굉장히 지루하고 볼품없고 때로는 비참하기까지 하다.

그런데 우리는 그 과정은 건너뛰고, 그들의 성공 영상, 혹은 책에서 전하는 이야기들을 단순히 읽기만, 보기만 하며 그들의 결과물만 며칠, 혹은 몇 달 만에 취하려고 한다. 자기계발 책과 영상은 미친 듯이 찾아보는데 내 삶은 내일, 일주일 뒤, 일 년 뒤에도 아무 변화가 없다는 것이 그 명백한 증거다.

성공의 '기회'는 누구에게나 열려있지만, 결과는 결코 거저 얻어지지 않는다. 결국 다른 사람이 나에게 줄 수 있는 것은 동기부여, 딱 거기까지다. 그들의 것을 내 것으로 만드느냐 아니냐는 순전히 내 의지에 달려있다. 어느 누구도 그것을 대신해줄 수는 없다.

더는 자기계발서에 의존하지 말자.

성공한 이들이 내 삶을 대신 살아주지는 않는다.

또, 우리 삶은 한 번에 마법처럼 바뀌지 않는다.

단지 작은 실천들이 모여 내 삶은 아주 조금씩, 조금씩 변할 뿐이다.

현재, 그 중에서도 당장 눈앞에
놓여있는 일들부터 바꾸기를 실천해보면 어떨까?
우리가 사용할 수 있는 시간은
과거, 현재, 미래 중에서 '현재'뿐이다.

할 것이다 vs 한다, 해야 한다

인생에 변화를 주려면 어떻게 해야 할까? 방법은 아주 간단하다. 지금 당장 길 가다 모르는 사람을 붙잡고 시비를 걸고 주먹다짐을 해보자. 당신의 인생은 곧바로 달라질 것이다. 소송에 휘말려 피곤해지거나 심하게는 감옥살이를 하게 될지도 모른다.

'무슨 개소리를 하는 거지? 미친놈인가?'

예시가 좀 극단적이긴 하지만 사실이다. 변화를 위해서는 어떠한 행동이 필연적으로 동반되어야만 한다는 말이다. 물을 마시고 싶다면 일단 정수기 앞까지 가야 한다. 게임을 하고 싶다면 전원을 켜고 게임CD를 넣고 기다려야 한다(나는 콘솔을 좋아한다). 어제보다 더 훌륭한 근육을 얻고 싶다면 더 무거운 무게를 들고 단백질을 제대로 섭취해야 한다. 좋아하는 사람과 사귀고 싶다면 그 사람에게 내 마음을 표현하기 위해 연락을 해야 한다.

"~가야 한다, ~해야 한다."

누구나 살면서 한 번쯤은 변화를 위해 어떠한 행동을 해본 적이 있을 것이다. 지금 하고 있는 연애, 지금 다니고 있는 직장, 모두 당신이 어떠한 행동을 '실행'했기 때문에 가능했다. 이렇게 비교해보자.

나는 내일 회사를 가기 위해 잠을 잔다.
나는 게임을 하기 위해 컴퓨터를 켠다.

vs

나는 미래를 위해 돈을 모을 것이다.
나는 언젠간 퇴사하고 사업을 시작할 것이다.

어떤 차이가 느껴지는가? 우리는 은연중에 미래의 계획을 위해 '~ 할 것이다' 하는 의지형 표현을 자주 사용한다. 그러나 이 표현은 화자의 의지와 계획을 드러내지만, 아직 '실행하지 않았다'는 의미를 내포한다. 그래서 우리 삶이 변화하기 위해서는 '할 것이다'가 아니라 '한다'가 반드시 전제되어야 한다.

퇴근 후 귀찮더라도 운동하러 가라.

사고 싶은 물건이 있더라도 참고 강제저축 시스템을 만들라.

지금 당장 미래를 위한 자산계획을 세우고 실천하라.

나는 인천에서 작은 가게 하나를 운영하는데 대부분의 직원은 20대다. 그중에서도 유독 기억에 남는 두 친구가 있다. 둘은 성실성 면에서는 비등비등했지만 자신의 미래를 바라보는 시각과 무언가를 실행하는 태도는 너무나도 달랐다.

A는 훗날 프랜차이즈 가맹점을 오토 방식으로 운영해 일정한 불로소득만 얻으며 여유롭고 편안한 삶을 살고 싶다고 했다. 프랜차이즈 가맹점을 내려면 어느 정도의 금액이 들까? 상권과 브랜드에 따라 다르겠지만 최소 1억 원의 자금은 있어야 여유 있는 창업이 가능하다. 앞서 말했다시피 1억 원을 모으려면 엄청난 노력과 자제력이 필요하다.

그러나 이 친구는 안타깝게도 '~할 것이다' 주의자였다. 훗날 가게 주인이 되어 편하게 살고 싶다고 자랑스럽게 이야기했지만 정작 매달 힘들게 번 돈을 너무 쉽게 소비했다. 술김에 최신 핸드폰을 구매하고, 충동적으로 강아지를 분양받아 40만원 상당의 유아차를 사느라 월급을 금세 탕진하는 바람에, 당장 출근할

교통비조차 없다며 가불을 부탁하기도 했다.

반려동물을 키울 때는 생각보다 많은 돈이 들어간다. 웃어야 할지 울어야 할지 모르겠으나 결국 그 강아지는 살고 있던 원룸 이웃들의 민원으로 며칠 만에 다시 원래 주인에게 돌아갔다. 주인이 강남에 살아서 인천에서 강남까지 택시를 타고 두어 번 왕복했으니, 이 친구의 소비습관이 어떤지 대충 짐작할 수 있을 것이다. 이런 식이면 1억은커녕 수중에 1000만원도 모을 수 없다. 인간적으로 참 착하고 성실한 친구였지만 단기적인 계획과 실행 없이 그저 막연히 장기적인 계획만 가지고 있었다.

물론 인생에 있어서 돈이 전부는 아니지만 이 친구는 스스로 '가게 하나로 인한 불로소득'이 인생의 목표라고 말했다. 그러나 그 목표를 위한 실행은커녕 오히려 목표와는 정반대의 방향으로 가고는 했다. 나는 누구 인생에 훈수를 두지 않는데 이 친구에게는 유일하게 훈수를 두고 싶었다.

반면 B는 '~한다' 주의자였다. 어떻게 보면 이 친구에게는 거창하고 원대한 장기적인 목표는 없었다. 대기업에 가고 싶기는 했지만, 언제든지 바뀔 수 있다는 뉘앙스였다. 대신에 그 친구는 미래보다는 당장의 현재에 집중했고 무엇을 할 때든 먼저 '실행'에 옮겼다.

공부를 해야 한다면? 공부를 한다.

돈을 벌어야 한다면? 알바를 한다.

A기업에 가야 한다면? 대학에 간다.

부자가 되고 싶다면? 저축을 한다.

어쩌면 당연해 보이는 일들이지만 그의 실행력은 내가 본 어느 누구보다도 단연 최고였다. 명품을 좋아했지만, 중학교 때부터 알바를 시작해서 오로지 자신이 번 돈으로 구입한다는 철칙이 있었고, 19세에 이미 저축으로 700만원이나 모아둔 상태였다. 내가 어느 책이 좋다고 추천하면 다음 날부터 당장 그 책을 읽었고, 퇴근 후 집에 가서 내 유튜브 영상을 보고 와선 당장 투자를 실천한 친구였다.

공부도, 일도, 심지어 노는 것까지 참 열심히 하던 B에게 나는 늘 물었다.

"이렇게 어린 나이에 어쩜 그렇게 부지런하니? 너 로봇 아니야?"

그럴 때마다 그 친구는 이렇게 대답했다.

"저도 하기 싫을 때 있어요. 그래도 해야죠 뭐."

겉보기에는 아주 단순할 정도로 일관성이 있었고 이후 자신이 원하는 어떤 장기적인 목표가 생긴다 해도 충분히 성취할 수 있을 사람 같았다.

두 친구를 보며, 구체적인 목표를 세우는 일과 사소한 목표라도 당장 실행하는 능력이 매우 중요하다는 점을 알았다. 한 명에게는 장기적인 목표는 있었지만 구체적이고 단기적인 목표가 없었고 다른 한 명은 장기적인 목표는 불분명했지만 단기적인 계획과 목표들은 하나씩 바로바로 해치워나갔다.

물론 장기적인 목표도 중요하다.
하지만 어떠한 실행도 없이,
단기적인 목표조차 없이 막연하게
원대한 목표에 대해서만 떠든다면 그것은
계획이 아니라 허언에 가깝다.

되고 싶은 것 VS 될 수 있다고 믿는 것

"부자가 되기를 원하는가?"

"당신은 부자가 될 수 있다고 생각하는가?"

첫 번째 질문에는 우리 모두 망설임 없이 그렇다고 답하겠지만, 두 번째 질문에 확신을 가지고 그렇다고 대답하는 이는 많지 않을 것이다. 부자가 되고 싶다고 말하는 것과 부자가 될 수 있다고 믿는 것은 엄연히 다르다.

당신이 평생 부자가 되지 못한다면, 부자가 되기를 갈망하면서 스스로 부자가 될 수 없다고 너무도 쉽게 단정 지었기 때문일 것이다. 앞서 언급했던 '부자혐오'의 감정 또한 바로 '나는 될 수 없고 가질 수 없는 것'이라는 박탈감에서 기인한다.

하지만 우리 누구나 부자가 될 수 있다. 다만 그러기 위해서는 '변화'와 '실천'이 필연적이다. 나는 평소 TV를 잘 안 보는데 '이태원클라스'라는 드라마를 정주행했다. 단순한 연애 이야기인줄 알았는데, 그 안에는 생각보다 많은 메시지가 담겨 있었다.

드라마 속 주인공인 박새로이는 어떤 장애물이 있든 굴하지 않고 자신이 이루고자 하는 목표를 향해 끝까지 소신을 지키며 달려나가는 멋진 청년으로 그려진다. 아버지의 죽음으로 복수를 하려다 하루아침에 전과자가 된 박새로이에게 어느 날 한 수감자가 말한다.

"전과자 주제에"

그 때 박새로이의 대답은 매우 인상적이었다.

"자기 가치를 헐값에 매기는 호구새끼야. 내 가치를 네가 정하지 마. 내 인생 이제 시작이고 원하는 거 다 이루면서 살 거야."

전과자가 되는 순간 인생은 그야말로 끝이라고 좌절할 법도
한 상황에서 그는 자신의 높은 가치를 증명하기 위해 5년이고
10년이고 부단히 시도하고 부딪쳐가며 끝끝내 자신의 목표를
이루어낸다. 더디더라도 마침내 목표를 이루어내겠다는 확신에
찬 그의 모습에 홀린 듯 매료된 주변사람들은 그를 사랑하고 그
에게 충성하게 된다.

나는 당신이 자신의 가치와 가능성을
너무 낮추지 말았으면 한다.
당신은 부자가 될 수 있고, 경제적 자유를 누릴 수 있다.

죄송하지만, 독립은 조금 더 미룰게요
: 성실한 등골브레이커

띠띠띠, 띠띠띠, 알람이 울린다.

2021년 6월 30일 오전 7시,

나는 벌써 30세의 2분의 1을 살았다.

　　나이가 더해질수록 유독 시간에 가속이 붙는 듯하다. 어르신
들이 '마음은 아직 10대'라고 하시던 말씀이 점점 더 피부로 와
닿기 시작해 이제는 누군가가 나이를 물으면 서른이라는 답을
내뱉기가 낯간지럽고 어색하게 느껴진다. 몇 년 전, 여자친구가
서른을 맞이할 때 짓궂게 놀렸던 내가 이제 서른이 되어버렸다.

우리의 인생을 100세로 봤을 때 이 책을 읽는 당신이 20대라면, 당신의 인생은 이미 20% 이상 소진되었다. 앞으로 80%의 인생이 남아있지만, 우리가 패기와 열정을 가지고 에너지 넘치게 움직일 수 있는 시기를 20~40대로 한정 짓는다면 당신의 인생은 여태껏 살아온 20%의 시간 안에 판가름 나게 된다. 그런데 20~40대의 20% 중에서도 사랑하는 누군가와 결혼을 하고 평생을 책임져야 할 아이를 낳고 기르게 된다면 10%가 더 빠지게 되고, 결국 딱 10%가 남게 된다.

인생의 결과가 고작 10%에서 갈리게 된다니….

좌절감이 들고, 인생에도 리셋이 있다면 다시 태어나고 싶은 생각이 들 수도 있다. 하지만 낙담하지 않아도 된다. 나열했던 말들을 역으로 곱씹으면, 당신 인생의 궤적을 정할 수 있는 시기는 바로 이 책을 읽고 있는 '지금'이니까. 만약 당신이 20대 30대라면, 지금이 인생을 바꿀 수 있는 최적의 시기이다.

특히 현재 부모님과 함께 생활하고 있다면, 지금이 당신의 인생을 통틀어 무엇이든 도전하기에 가장 좋은 시기라는 것과 그런 시간은 앞으로 당신이 생을 마감하기 전까지 다시는 오지 않는다는 사실을 잊지 말자. 큰 고정지출 없이 의지만 있다면 얼마든지 모을 수 있는 시기, 꿈을 위해 공부를 하고자 해도 아무런 방해요소가 없는 유일한 시기이다.

가정상황 또는 취업 등의 이유로 자취가 불가피한 경우는 예외지만, 경제적 자립이 불가능한 상태에서 단순히 자취에 대한 로망 때문에 선택하는 독립은 좋지 않다. 자취를 하면 고정지출이 정말 많이 발생한다. 보증금, 관리비, 월세, 식비, 소확행 인테리어 등… 한 달에 나가는 돈만 자그마치 100~200만원이다. 이것을 감당할 만한 경제적 능력도 없이 독립을 선택했다면 결국 그 경제적 부담은 고스란히 부모님께 돌아간다. 독립이라는 명목으로 시작한 자취로 인해 오히려 부모님과 함께 생활할 때보다 더한 불효막심 등골브레이커가 된다.

그래도 성인인데, 부모님과 계속 생활하는 것이 정 죄송스럽다면 차라리 소액의 월세나 생활비를 드리고 완전한 경제적 독립이 가능할 때까지 함께 살며 돈을 모으는 것이 자신과 부모님을 위해서도 가장 합리적이라고 말하고 싶다. 부모님이 차려주는 밥 얻어먹으며 밤새 게임하고, 다음날 늦게 일어나 한량처럼 살아도 된다는 말이 아니다. 모을 수 있을 때 더 모으고, 자신의 가치를 높이기 위해 투자할 수 있는 적기인 지금 열심히 투자해서 하루라도 빨리 경제적으로 완전한 자립할 수 있는 상황을 만들라는 이야기다.

경제적 능력, 안정적인 상황은 나이를 먹는다고 해서
저절로 얻어지지 않는다.
다신 오지 않을 지금 이 시기를 허투루 보내고 있다면,
머지않은 미래에 부모님을 책임지기는커녕
나 자신 하나도 책임지지 못하는 비참한 인생을
살게 될 가능성이 99%다.

N일짜리 행복

세상에는 우리를 유혹하는 맛있는 음식, 화려한 물건, 호화로운 여행지가 넘쳐난다. 차라리 눈에 보이지 않기라도 하면 좋을 텐데, 당장 인터넷, SNS만 둘러보아도 먹고 싶은 것, 갖고 싶은 것, 가고 싶은 곳은 왜 그렇게 많은지.

물론 그 모든 것을 다 누리기에 우리 월급은 턱없이 부족하니 그래도 월에 한두 개 정도만 '나 자신을 위한 소비'를 하기로 하며 명품이나 전자기기를 장바구니에 담아두고 월급날만을 손꼽아 기다린다. 저축과 투자의 필요성은 알지만 저축을 시작하면 이제는 행복한 소비와는 영원한 이별이 될 것 같아 소확행을 추구하고 싶다.

'소확행: 작지만 확실한 행복.'

하지만 당신이 소비한 그 금액은 정말로 적은 금액일까? 그리고 확실한 행복일까?

나는 원래 돈을 아껴 쓰는 사람이 아니었다. 월급이 많지는 않았지만 한때는 버는 족족 유행하는 옷을 사는 데 쓰거나 하루짜리 행복을 만끽하기 위해 쓰기도 했다. 당장은 행복했다. 하지만 그 행복은 오래가지 못했다. 그러고는 단 며칠짜리, 몇 달짜리 행복이라도 연명하려 또 다른 소비를 찾아다니는 일상이 반복되었다.

그러다 문득 허무했다. 돌아서면 늘 아무것도 남은 것이 없다는 생각에 불안감이 엄습했다.

조금 더 오래 지속되는 행복은 없을까? 좀 더 비싼 물건을 사면 만족감의 크기도 더 커지고, 그 행복은 조금 더 오래갈 수 있지 않을까? 하지만 더 비싸고 좋은 물건을 구입해도 만족감은 얼마 가지 않았고 나는 새롭고 더 좋은 것을 찾았다.

사치품이 줄 수 있는 행복은 딱 며칠, 거기까지였다.

2

다시, 관점을 리셋하다

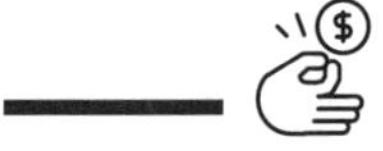

그놈의 돈

원하는 삶을 떠올려보자. 꼭 직업이 아니어도 좋다. 누군가는 전 세계 방방곡곡을 누비며 유명 호텔에서 노트북 하나로 업무를 보는 상황을 꿈꿀 것이고, 누군가는 퇴사 후 나만의 사업을 시작하는 자신을 꿈꿀 것이다. 아니면 그저 지금과 같은 상황에서 단지 언제 해고당할지 모른다는 걱정 없이 일하는 것이 꿈일 수도 있겠다.

작든 크든 우리가 각자 꿈꾸는 삶의 모습에서 꼭 필요한 것은 무엇일까? 그렇다. 돈, 그놈의 돈이다. 자본주의 시대를 사는 우리에게 돈은 생존을 위한 필수 도구다. 더럽고 치사하지만 결코

요즘 투자

회피해서도 안 되고, 부인해서도 안 되는 사실이다. 살기 위해 돈은 꼭 필요하다.

당신이 지금 일을 하고 있다면 생존은 충분히 가능하다. 그러나 당신이 원하는 삶을 살고 싶다면, 지금보다 훨씬 더 많은 돈이 필요하다. 물론 대기업에 들어가면 일반적으로 높은 연봉으로 남보다 더 많은 돈을 저축할 수 있다. 당신이 대기업에 입사하여 비교적 높은 수준의 연봉을 받으며 매월 200만원씩 저축한다고 가정하자.

월 200만원을 저축하면 1억을 모으기까지 약 4년 1개월이 걸리고, 2억을 모으기까지는 8년 2개월이 걸린다. '어? 생각보다 나쁘지 않은데?' 하고 생각하겠지만, 대학교를 졸업하면 24살이고 군대를 다녀와야 하는 남자라면 곧바로 대기업에 취직한다 해도 27살이다.

27살에 월 200씩 저축한다면 31살에 1억, 35살에 2억을 모을 수 있다. 하지만 35살에 사랑하는 사람과 만나고 있다면 결혼도 생각하고 같이 살 집도 구해야 한다. 또 토끼 같은 자식까지 계획한다면 이제 월 200만원 저축은 어려워진다. 그렇게 당신의 저축랠리는 2억에서 마침표를 찍게 된다. 이때부터는 현실적으로 2억 이상은 모으기 어렵고, 그마저 결혼비용, 자녀교육비 등으로 여기저기 쓰일 가능성이 높다.

통계청에 따르면 우리나라 대기업 평균임금은 월 500만원이라는데 세후로 계산하면 대략 월 420만원이 수중에 들어온다. 이마저도 평균 15년 근속 시 가능한 금액이라고 한다. 결국 대기업에 들어간다고 해서 우리가 '원하는 삶'을 살 수는 없다는 말이다. 더 뼈아픈 팩트는, 대기업에 취업하는 사람은 극소수이고, 대다수는 월급 300 받기도 어렵다는 현실이다.

월 천 만원, 정말 불가능할까?

당신이 빈곤한 노인의 범주 안에 포함되지 않기 위해 어떻게든 현재의 삶을 바꿔보기로 마음먹었다면, 앞으로는 정해진 삶이 아닌 당신이 진짜 원하는 삶을 살기로 결정했다면, 나는 이 두 가지는 꼭 해야만 한다고 힘주어 말하고 싶다. 바로 '사업'과 '투자'다.

내가 생각하는 사업과 투자의 의미는 비슷하면서도 조금은 다르다. 사업은 기하급수적으로 돈을 벌 수 있는 유일한 도구다. 실제로 우리가 아는 성공한 사람들의 대부분은 사업을 통해 부자가 된 이들이다. 아이템 선정, 구체적인 계획과 노력이 동반된다면 사업을 통해 단기간에 엄청난 부자가 될 수 있다. 물론 그 과정이 결코 녹록치는 않지만 말이다.

그에 비해 투자는 (가장 대표적인 부동산 투자와 주식투자를 예로 들었을 때) 수익의 측면으로만 봤을 때 사업만큼 큰 수익을 기대하기는 어려운 대신, 비교적 안정적인 현금흐름을 만들어낸다. 두 자산이 장기적으로 계속 우상향해 왔다는 역사적 근거를 보면 알 수 있다. 그렇다면 이제 막 내 인생을 바꿔보기로 결심한 당신이 사업과 투자 중 먼저 실행해야 하는 것은 무엇일까?

바로 '투자'다. 이유는 간단하다. 사업의 주체는 바로 '나'이기 때문이다. 그러나 당신이 지금 당장 기발한 사업 아이템을 생각해 내기란 현실적으로 매우 어렵고, 설령 가능하더라도 사업에는 생각 이상의 노력과 어마어마한 리스크가 따른다.

반면에 주식이나 부동산 같은 투자는 내가 아닌 기업과 위치의 '가치'가 주체이다. 주식은 기업의 성장 가치에 따라, 부동산은 자리의 가치에 따라 부가 창출된다. 당신의 노력과는 무관하고 예측 불가능하게 현금흐름이 발생한다는 뜻이다. 그래서 비교적 큰 공을 들이지 않고도 주식과 부동산을 활용하여 꽤나 괜찮은 수익을 올릴 수 있다(뒷장에서 상세히 설명하겠지만 주식투자는 정말 단순하게 접근할 수 있다).

결론적으로, 주식과 부동산 투자는 사업을 해보고 싶지만 딱히 구체적인 아이디어가 없는 상태에서, 궁극적인 목표인 '사업'을 시작하기 위해 하루라도 빨리 시작해야만 하는 선행 작업이다. 투자를 통해 사업을 위한 자산을 갖추는 것은 물론 한 기업의 흥망을 간접적으로나마 경험하며 사업에 대해 더 구체적인 계획과 전략을 세울 수 있다.

나는 23살에 주식투자를 처음 접했고 지금까지 약 7년 동안 꾸준히 주식투자를 해오고 있다. 현재는 그 수익으로 본업과 동시에 작은 사업체 하나를 운영할 수 있게 되었다. 물론 기업이 아닌 작은 가게에 투자를 한 것뿐이지만, 이로 인해 현재 매월 적게는 700만원, 많게는 1100만원의 현금흐름을 만들어내고 있다.

놀라운 점은, 아직까지 나는 100% 내가 주체인 나의 사업에 대한 구체적인 계획조차 없는 단계라는 사실이다. 그럼에도 불구하고 나는, 얼마 전(2021년 3월)에 1100만원이라는 소득을 올렸다. 훗날 이 과정에서 얻은 수익과 경험들을 축적하여 내 모든 에너지를 쏟아부을 사업을 시작한다면 지금과는 비교할 수 없는 규모의 자산을 축적할 수 있으리라는 확실한 믿음에, 나는 나의 내일이, 미래가 너무나 기다려진다.

기껏해야 100만원도 벌지 못했던 시절, 월 천만원이라는 소득은 타고난 금수저, 나와는 다른 세계에 사는 사람들에게나 가능한 이야기인 줄만 알았다. 하지만 지금의 나는 월 천만원이 아니라 그 이상도 충분히 가능하다는 것을, 경험을 통해 너무나 분명하게 알고 있다. 과거의 내가 그랬듯 여전히 월 천만원이 나와는 다른 세계에 사는 사람들의 이야기라고만 믿는 모두에게 알리고 전하고 싶다. 단언컨대, 월 천만원 소득은 누구에게나 충분히 가능하며, 소득의 상한선에는 결코 한계가 없다.

서두에서 이야기했듯이, 우리 대부분은 어린 시절 특별한 사람을 꿈꾸며 자랐다. 그런데 겨우 2억이라는 한계에 갇혀 우리의 인생이 충분히 예상 가능한 시나리오로 흘러가 뻔한 결말로 결론지어진다면, 그 과정은 얼마나 지루하고 고단할까. 나는 어릴 적 꿈꾸던 경찰도, 소방관도, 대통령도 되지 못한 평범한 직장인이지만 20대 2억 3천이라는 조금은 특별한 성과를 이루어냈다. 그리고 이것이 누구에게나 가능하다는 사실을 전하기 위해 이 책을 써내려가고 있다.

당신이 마음만 먹으면
당장이라도 실천 가능한 것들이
눈앞에 놓여있다.
살면서 이제껏 불가능하다고 여겼던 것들을
하나하나 무너뜨리며 사는 삶이
얼마나 짜릿하고 재미있을지, 기대되지 않는가?

부자의 기준

어느 정도의 자산을 가지고 있어야 부자라고 할 수 있을까? 당신이 생각하는 부는 무엇이고 당신이 생각하는 부자는 어떤 사람인가? 재벌가 총수? 적어도 100억대 자산을 보유한 자산가? 부자로 인정받으려면 얼마가 있어야 할까? 10억? 50억?

부자를 정의하는 기준은 사람마다 다르기 때문에 부와 부자에 대해 정의하기란 사실상 무의미한 숫자놀음일 뿐이다. 내가 생각하는 부란 경제적인 압박에서 벗어나 자신이 원하는 삶을 추구하는 것 그 자체이며, 부자란 이것들을 비로소 성취해낸 사람들이다.

　지금도 언론에서는 해마다 소득에 따른 상중위를 계층화한 통계자료를 내놓으며 우리의 소득이 상위 몇%에 속하는지 적나라하게 짚어주는데, 이 통계자료는 마치 '너는 현재 상류층에 속하지 못하며, 앞으로도 그럴 가능성은 절대 없다'고 말하는 것만 같다.

　하지만 그 주체가 개개인이든 언론이든, 누군가가 정의하는 부의 기준이란 아무런 의미가 없다. 내가 주체가 되는 나의 삶 안에서, 부의 기준은 다른 누군가가 아닌 내가 정의해야 한다. 저축, 투자를 통해 자산을 불리는 행위는 치열한 경쟁을 요하는 단거리 육상경기가 아니다.

　지금 당장은 1억, 10억만 있어도 행복하리라 생각하는가? 10억만 모으면 충분히 행복할 것이라 생각했던 사람도 막상 10억이라는 자산을 달성하고 나면 20억, 30억을 가진 자산가를 보며 상대적 박탈감을 느낀다. 50억을 갖든, 10억을 갖든 결국 숫자란 지극히 상대적이기 때문에 인간은 쉽사리 만족하지 못한다. 자산의 크기가 커지면 커질수록 행복도, 삶에 대한 만족도도 비례하여 높아져야 하는 건데 실상은 그렇지 않다.

　어린 시절 한 번쯤 들어봤을 "아프리카 사람들이 행복지수가 더 높다. 마음이 부자여야 진짜 부자다" 같은 이상적인 이야기를 하자는 것이 아니다. 일정 수준 이상의 자산이 있어야 삶의 질이 보장된다는 것은 부인할 수 없는 사실이다. 하지만 돈 때문에 언제든 나의 일상이 흔들릴 수 있는 불안이 존재하고 있다면 그것은 내 기준에서는 결코 부자라고 할 수 없다. 다시 말해 '부'의 기준을 특정 '숫자'에 둔다면 끊임없이 더 많은 자산을 가진 누군가와 우리의 자산을 비교하며 불행을 자초할 수밖에 없다.

반면, '당장 직장에서 해고당해도 내 일상이 흔들리지 않는 안정적인 상태', '내 가족들이 어느 날 병에 걸렸을 때 적어도 돈 때문에 치료를 받지 못하는 일은 없도록 하는 것', '내가 원한다면 언제든지 창업이 가능한 상태'와 같은 구체적 조건들이 부의 기준이 된다면 어떨까? 단언컨대 돈을 모으는 과정에서도, 또 어느 정도의 부를 축적하고 나서도 충분히 만족하고 행복할 수 있을 것이다.

물론 구체적인 액수를 목표로 하는 것은 좋다. 하지만 단순 숫자를 목표로 세우는 계획과, 구체적인 나의 목표를 위해 어떠한 숫자를 세부목표로 세우는 것은 엄연히 다르다.

1억을 위한 1억이 아니라,
당신만의 가치 있는
무언가를 성취하기 위한 1억 모으기를 시작해보자.

티끌 모아 1억

"티끌 모아 티끌이지. 쥐꼬리만한 월급 평생 모아도 집 한 채 사기도 힘들다는데, 그럴 바에야 그냥 현재를 즐기면서 살래."

"이것저것 나가고 나면 남는 돈이 전혀 없는데 저축을 어떻게 하라는 거야? 그건 대기업 다니면서 억대 연봉 받는 사람들에게나 가능한 거지."

저축에 대한 필요성을 들을 때, 무의식적으로 이런 생각들이 머릿속에 떠올랐다면 당신은 돈을 모을 의지 자체가 없는 사람

임을 인정해야 한다. 물론 억 단위의 자산을 모으기까지는 엄청
난 노력과 구체적인 계획이 필요하다. 그렇기 때문에 우리 주위
만 둘러봐도 1억은커녕 천만원도 모으지 못한 이들, 심지어는
마이너스 자산뿐인 이들이 수두룩하다.

하지만 앞서 말했듯 1억 모으기는 누구에게나 결코 불가능한
영역이 아니다. 그런데도 1억 모으기를 '불가능의 영역'이라고
선을 그어버리는 것은 노력하기 싫은 자들의 비겁한 합리화이며
변명일 뿐이다.

그들에게 '1억 모으기가 불가능하다'는 의미는 그간 소소한
행복을 위해 해왔던 소비들(할부로 사는 명품백, 할부로 사는 외제
차, 호화로운 여행 등)은 절대 포기할 수 없다는 의미이며, 매일
내가 먹고 싶은 음식 정도는 먹어야 하고 가끔 내가 사고 싶은
것 하나씩은 사야만 한다는 의미이다. 즉 삶의 질을 포기하면서
까지 저축하고 싶지는 않다는 자세다.

이렇게 이야기했을 때 대부분의 사람들은 평생 동안 소비를
억제하면서 저축의 지루함을 견디며 살아야 한다는 의미로 착각
한다. 이 지루한 과정을 견디고 나면, 그 너머에 당신이 그토록
꿈꾸던 워라밸이 있는 삶, 지금보다 더 윤택하고 안락한 삶이 기
다리고 있다는 사실은 미처 알지 못한 채 그 과정을 견디지 못하

고 그 뒤에 있을 더 나은 삶을 너무 쉽게 포기해 버린다.

본디 노력이란 지루하며 때로는 고통스럽기까지 하다. 조금 더 편한 것을 찾고 외면하고 회피하려는 것은 어쩌면 우리 인간의 본능일지 모른다. 최근 2~3년간 어느 한 분야에 몰입하고 노력하고 구체적인 계획을 세워본 적 있는가? 그런 경험이 있다면 더욱 공감하기 쉬울 것이다.

어렸을 때 자전거를 처음 배웠던 기억을 떠올려보자. 자전거를 탈 때 가장 중요한 포인트는 중심 잡기다. 중심을 잡는 법만 습득하면 그때부터는 자전거를 자유자재로 탈 수 있는데, 문제는 중심 잡는 법을 배우기까지의 과정이 쉽지 않다는 점이다. 처음에는 몸이 말을 듣지 않고 이리 휘청, 저리 휘청하다 넘어지기를 수십 번 반복한다. 이 과정은 무척 짜증나고 지루하지만, 어설프게 중심 잡기에 성공해서 몇 미터라도 앞으로 나아가면 성취의 짜릿함을 느낄 수 있다. 그 순간이 바로 그간의 시행착오와 지루함을 보상 받는 순간이다.

자전거를 못 타도 인생을 사는 데는 아무 지장이 없다. 걸어 다니면 되니까. 그렇지만 자전거를 타 본 사람은 자전거가 주는 재미와 편리함을 알기 때문에 다른 사람들에게 자전거를 권한다.

"처음에는 다 넘어져. 연습하면 금방 배울 거야."

나도 1억 모으기를 망설이거나 혹은 미루는 20대들에게 이렇게 이야기하고 싶다. 처음에는 1억은커녕 당장 몇 천 만원을 모으기도 버겁게 느껴진다. 하지만 눈 딱 감고 2년만 악착같이 모아보자. 그 후에는 내가 말하지 않아도 스스로 저축의 즐거움, 부자의 길에 들어선 짜릿함을 알게 된다.

연봉이 높으면 부자가 될 수 있을까?

돈을 모아보기로 마음을 단단히 먹어보지만 쥐꼬리만 한 월급을 모아봤자 통장 앞자리를 바꾸기는 턱도 없이 부족하다는 사실을 깨닫게 될 때 그 의욕이 쉽게 꺾여버렸던 경험은 월급쟁이라면 한 번쯤은 해보았을 것이다. 나도 마찬가지다. 그와 동시에 '내가 만약 의사, 변호사, 판사라면 어땠을까? 그랬다면 저축할 맛이 났을 텐데…' 하는 생각을 해본 적이 있다면 이번 장을 집중해서 읽어주길 바란다.

통계청 발표에 따르면 우리나라 국민들의 월평균 소득은 309만원, 중위소득은 235만원이라고 한다. 하지만 우리는 일반적으로 200~300만원으로는 결코 부자가 될 수 없다고 생각한다. 적어도 월 800~1000만원 이상은 벌어야 부자가 될 수 있다고 생각한다. 과연 사실일까?

돈을 많이 벌든 적게 벌든 누구에게나 갖고 싶은 사치품 하나씩은 있다. 그렇다면 월 200만원 버는 사람과 1000만원 버는 사람이 갖고 싶은 사치품 금액이 서로 비슷할까?

월 200만원 버는 사람이 100만원 가량의 사치품을 가지고 싶어 한다면,

월 1000만원 버는 사람은 500만원 가량을 사치품을 가지고 싶어 한다.

월 200만원 버는 사람이 대출을 받아 3000만원 가량의 차를 산다면,

월 1000만원 버는 사람은 대출을 받아 1억짜리 차를 산다.

소위 "버는 만큼 쓴다." 일반적으로 소득에 따라 소비수준도 비례하여 올라간다. 물론 고액연봉을 받으면서도 근검절약하는 사람도 있지만, 대다수의 고액연봉자는 굳이 저축과 절약의 필요성을 못 느끼기 때문에 더 좋은 음식을 먹고, 더 고가의 제품

을 구입하며, 연봉의 상당 부분을 품위유지비로 지출하고는 한다. 절대 이들을 부정적으로 말하거나 일반화하려는 것도 아니지만, 사실이다.

남다른 경제관념을 가지고 습관적으로 소비를 통제하지 않는 이상 돈을 많이 벌면 벌수록 사치품을 통해 자기 위치를 과시하고 싶은 인간의 본능이 있다. 내 말의 요지는 소득수준과 부자가 되는 것은 어느 정도의 연관성은 있을지 몰라도 결코 필요충분조건은 아니라는 점이다. 돈을 많이 버는 것과 많이 모으는 것은 완전히 다른 의미이다. 다시 말해서, 단순히 많은 돈을 번다고 해서 많은 부를 축적하고 경제적 자유를 얻을 수는 없다는 말이다.

물론 돈을 많이 벌면 잠재적으로 저축 가능한 금액이 높아지겠지만 먼저 돈을 모으고자 하는 의지가 선행되어야 한다. 그러니 현재 월급이 적다는 이유로 저축이 불가능하다고, 혹은 모아봤자 얼마 되지도 않는다고 단언하며 부자가 되기를 쉽게 포기하는 대신, 당장 실현가능한 일들을 단계적으로 실천하자.

나는 돈을 모으기 시작했을 때 남들과 비교하지 않았다. 누군가는 비웃을지 모르겠지만, 나는 당시 첫 월급 140만원 중 116만원을 저축하는 자신이 자랑스러웠다. 남들보다 내가 얼마를 버는지에 집중하는 대신, 내 월급 중 얼마나 저축하고 있는지에 집중했다. 월급의 70~80%를 저축하기란 보통 마음가짐으로는 결코 쉽지 않은 일이다.

현재 100~200만원을 버는 사람이 당장 내년, 혹은 다음 달에 월 1000만원을 벌게 된다고 했을 때, 어쩌면 월급의 70~80%를 저축하는 일은, 어쩌면 그 전보다 훨씬 더 어려울 수 있다.

하지만 지금부터 저축에 대한 습관과 마음가짐을 견고하게 다져놓았다면

남들이 스타벅스 커피를 살 때 당신은 스타벅스 주식을 살 수 있고,

남들이 명품백을 살 때 당신은 그 기업의 주식을 살 수 있다.

당신은 소비를 통제하고 돈을 지배할 수 있다.
그리고 그 기간은 생각보다 오래 걸리지 않는다.

소비를 통제하는 가장 효과적인 방법

한 달 소비 내역을 보고 놀란 적이 있는가? '나는 이렇게 많이 쓴 적이 없는데, 누가 나 몰래 내 카드를 썼나?' 의아해하면서 카드 거래 내역을 샅샅이 뒤져본다. 근데 참 이상하다. 커피 3900원, 택시비 5200원… 한 건 한 건 자세히 보니 빼박 내가 쓴 게 맞다.

'이번 달엔 과소비하지 않았으니까 커피 한 잔 정돈 그냥 사 먹자' 하고 방심하는 사이에 푼돈들의 소비가 누적되어 우리가 인지하지 못했지만 인정할 수도 없는 한 달 지출금액 무려 100 만원이 되어버린 것이다.

도대체 왜 이런 소비의 함정에 빠지는지 이해를 돕기 위해 경제, 수학 등 생활의 다양한 영역에서 적용할 수 있는 '베버 페히너의 법칙'에 대해 간단히 설명하려고 한다. 이 법칙은 자극의 강도와 인간의 감각 사이에는 일정한 비례 관계가 존재한다는 사실을 설명한다.

예를 들어 양초 10개가 커져 있는 방에 1개를 더 켜면 방이 환해졌다고 느낀다. 하지만 양초 100개가 켜져 있는 방에 1개를 더 켜면 차이를 느끼지 못한다. 양초 100개를 켠 방에선 양초 10개를 켜야 양초 10개를 켠 방에서 1개를 켠 정도의 차이를 느낄 수 있다.

즉 인간의 감각은 절대적 기준의 물리적인 양이 아니라 상대적 비율 관계에 더 큰 영향을 받는다. 이런 심리를 소비에도 그대로 적용해볼 수 있다. 급여와 자산이 동일한 A와 B가 있다고 가정해 보자.

A와 B 모두 한 달에 일정한 예산을 정해 놓고 소비하는데,

A가 설정해 놓은 한 달 지출예산은 100만원이다.

B가 설정해 놓은 한 달 지출예산은 10만원이다.

A와 B가 카페에서 각자 만 원짜리 디저트를 사 먹는다.

A에겐 만원은 설정 예산의 1% 해당하는 금액이고,

B에겐 만원이 설정 예산의 10% 해당하는 금액이다.

이 둘의 심리적 부담은 같을까? 당연히 다르다. A가 10만 원 짜리 디저트를 사 먹어야 B의 심적 부담과 같을 것이다. 같은 금액이지만 만원에 대한 체감은 서로 다를 수밖에 없다.

우리 실생활에서 적용할 수 있는 구체적인 예를 하나 더 들어보자. 큰맘 먹고 100만원 정도 되는 아이폰을 구매했다고 가정하자. 그런데 그 제품을 파는 영업사원이 아이폰 한해 20만 원 짜리 에어팟을 15만원에 할인 판매한다고 한다.

우리는 어떻게 행동할까?

에어팟은 애초에 구매계획에도 없었는데, 심지어 집에 블루투스 이어폰이 있는데도 대부분은 개이득이라며 재빨리 구매 버튼을 누른다. 평소에는 단돈 5만원에도 벌벌 떨던 사람이 이 상황에서는 15만원을 푼돈처럼 여긴다. 나 또한 15만원은 어느 정도의 큰돈을 지출했을 때 느끼는 감정이다. 알면서도 뿌리치기가 상당히 어렵다. 그렇다 보니 소비습관이 큰 사람들은 저축이 어렵다. 한 달에 나를 위한 선물이랍시고 큰 소비를 한 번 하게 되면 그 이후의 파생소비들은 별것 아닌 듯 느껴지기 때문이다.

어떻게 하면 이런 상황을 이겨낼 수 있을까? 무조건 큰 소비는 하지 말아야 할까? 소비를 안 할 수는 없다. 큰 소비를 해야할 때도 있다. 자기계발을 위해서라든지, 아끼는 지인에게 주는 선물이라든지, 합리적으로 생각했을 때 내 우선순위에 부합하고 가치에 맞는 소비라면 그 소비는 하는 게 맞다. 다만 이러한 소비 함정에 빠질 수 있다는 사실을 철저하게 인지하고 큰 소비를 한 후에는 당분간 지갑을 닫고 긴축재정에 들어가야 한다는 나름의 원칙을 세워야 한다.

큰 소비 이후에는 소비를 보류하는 편이 좋다. 오늘 이미 큰 돈을 써버렸는데 둘러보니까 이것도 필요한 것 같고, 저것도 필요한 것 같은데 마침 또 세일기간이라면, 그 순간 우리는 이렇게 고민한다. '아 오늘은 지출이 많았으니까 내가 제정신이 아닐 거야. 일주일 동안 더 생각해 보고 그래도 꼭 필요하면 다음 주에 사자.' 내가 제일 많이 사용하는 방법인데, 이렇게 일단 미뤄놓는다. 하필 또 세일 기간이니까 당장 꼭 사야만 할 것 같았던 물건들이 일주일 지나고 나서 사려고 보면 필요에 의해서가 아니라 충동적인 파생소비 영향으로 구매하려고 했던 제품이었다는 걸 알고 지갑을 닫게 될 것이다.

이런 방식이 습관화되면 불필요한 소비가 절반 이상 줄어든다. 1월에 30만원 오버페이 한만큼 2월에는 30만원 덜 쓴다? 굉장히 기본적이고 쉬운 이야기 같지만 잘 생각해보면, 대부분 우리는 다음 달에 한 술 더 떠서 30만원+a를 쓴다. 이미 지난달에 오버페이하면서 30만원에 대해 무뎌졌기 때문이다.

앞서 예로 들었던 베버페히너의 법칙을 떠올려보면서 소비의 상대성을 항상 인지하고, 특히 큰 소비 이후에는 무분별한 파생 소비가 발생하지 않도록 주의하는 것, 저축을 위한 첫 번째 훈련이니 꼭 기억하고 실천하길 바란다.

한번 사는 인생, 궁색하게 살긴 싫어

저축을 기피하는 이유 중 또 하나는, 한 번 사는 인생 궁색하게 살기는 죽기보다 싫기 때문이다. 남들이 나를 가난한 시선으로 보는 것은, 어쩌면 실제로 가난한 것보다 더 비참하게 느껴질지 모른다. 물론 나도 그렇게 살고 싶지는 않다. 친한 친구의 결혼식에 가는데 입고갈 옷이 없어서 난감한 상황이나 데이트하며 식사를 하는데 어떻게든 돈을 안 내고 얻어먹으려는 상황은 상상만 해도 끔찍하다. 하지만 안심해도 좋다. 지금 당장 저축하기로 결심했다고 해서, 당신의 인생이 앞으로도 쭉 궁색하지는 않을 테니까.

돈을 모으겠다고 결심한 직후 한동안 나는 소비에 대해 매우 보수적이었다. '소비는 되도록 해서는 안 된다', '한 푼이라도 아끼자'는 생각으로 택시는 물론 대중교통도 가급적 이용하지 않고 어느 정도의 거리는 걸어 다녔으며 좋아하던 옷도 웬만해서는 거의 사지 않았다.

그렇다. 나는 한때 당신이 우려하는 궁색한 삶을 살았다. 하지만 지금은 그때처럼 '무작정' 아끼기만 하는 절약은 하지 않는다. 지출의 크기도 커졌지만, 그보다 중요한 변화는 이전에 비해 훨씬 더 가치 있고 현명하게 지출하게 되었다는 점이다.

물론 어느 정도의 수준에 도달하기 전까지는 저축 초반에 내 일상을 거의 포기하다시피 해야 하는 것이 맞다. 그렇지만 당신이 초반의 노력으로 인해 어느 정도의 자산이 쌓이면 그때부터는 필요할 때는 쓰고 아낄 때는 아끼는 융통성 있는 소비를 할 수 있게 된다. 소위 '허리띠 졸라매는' 이 지긋지긋한 시기를 벗어나 하루라도 빨리 '현명한 소비'를 할 수 있는 시기를 앞당기기 위해서는 반드시, 그리고 하루라도 빨리 해야만 하는 것이 있다. 바로 '투자', 그중에서도 '장기투자'다.

3

자본주의에서 부자가 되기 위한 필요조건

강남 건물주는
왜 건물을 팔지 않을까?

당신이 하루라도 빨리 걱정 없이 여유 있는 소비를 하고 싶다면 지금 당장 돈을 일하게 만들어야 한다. 하지만 저축을 망설였을 때 그러했듯, 이번에는 이런 생각이 들지도 모른다.

'주식투자, 특히 장기투자를 하면 돈이 묶이니까 죽을 때까지 돈을 못 쓰게 되면 어떡하지? 이익실현을 하지 않고 죽을 때까지 돈을 못 쓰면 자산이 많다 한들 무슨 소용일까?'

강남 건물주가 돈이 묶여서 죽을 때까지 돈 못 쓸까 우려하며 건물을 팔아버리는 경우를 본 적 있는가? 아마 그런 건물주가 있다면 '바보'라고 생각할 것이다.

그런데 유독 주식투자에 있어서는 대부분의 사람들이 '이익실현'에만 집중하는 경향이 있다.

투자하게 되면 투자로 인한 이자(배당)가 발생한다. 강남 건물주가 매월 월세를 통한 수익을 얻듯 주식투자를 통해 얻는 배당도 이와 같은 개념으로 볼 수 있는데, 만약 당신이 투자하지 않거나 투자를 하다가 성급히 이익을 실현해 현금화하는 순간 그 자산의 성장 잠재력은 제로가 되고 실현한 현금은 시간이 지나면 지날수록 물가상승률 때문에 가치가 떨어진다. 쉽게 말해 황금알을 낳는 거위를 거저 팔아버리는 것이다.

나는 주식에 7년째 투자 중이며, 소비할 때 매년 내 자산의 2%는 평소 갖고 싶었던 물건을 사는 데 소비해도 좋다고 기준을 잡는다. 만약 내가 1억을 모았다면 그 해에 200만 원 정도는 갖고 싶던 물건을 사도 좋고, 2억을 모았다면 400만 원가량의 사치품을 사도 좋다. 2%를 기준으로 삼는 이유는 간단하다. 주식시장의 평균 배당률이 약 2%이기 때문이다.

이러한 방식의 소비는 이전에 내가 받은 월급을 족족 털어 소확행이랍시고 했던 소비와는 전혀 다르다. 내가 2억이라는 자산을 모았고 그 자산이 잘 투자되어 있다면 매년 받는 배당금으로 인해 내가 400만원을 사용해도 나의 자산은 전혀 마이너스가 되지 않는다. 나는 지난해 여름 맥북프로를 구입하기 위해 340만 원을 일시불로 긁었다. 내 돈이 낳은 돈을 썼으니 나의 자산에는 전혀 타격 없는 소비였다.

당신도 어느 정도의 자산에 도달하여 무작정, 궁색하게 아끼기만 하던 소비에서 벗어나 이제는 가끔 자신을 위해 소비하고 싶다면 당신만의 기준점을 가지고 소비하면 된다.

하지만 그 전에! 먼저
더도 말고 덜도 말고 딱 2년만 참고 저축해보자.
그리고 더 이상 주식에
장기투자하기를 망설이지 말자.

구체화 전략

대부분의 사람들은 경제적 자유를 이룬 부자를 보며 생각한다.

'부럽다. 나도 저렇게 살고 싶다. 나는 당장 다음 달 카드 값 갚기도 힘든데……'

이 사고의 흐름에서는 어떠한 구체적인 목표나 실행의지도 찾아볼 수 없다.

'부러워함 → 신세한탄 → 일상으로 돌아감'

비단 부자뿐만 아니라 자신의 분야에서 성공한 사람들을 보며 우리가 일반적으로 보이는 반응이다. 나는 어릴 때부터 영화를 무척 좋아했다. 특히 어드벤처 영화를 좋아했는데, 주인공이 세상을 모험하는 모습을 동경했던 듯하다. 그 모습을 보며 '언젠간 저렇게 전 세계를 여행하면서 살고 싶다'고 다짐했던 나는, 성인이 되어서까지 그것을 이루기 위해 아무런 노력도 하지 않았다.

만약 내가 정말 영화 속 주인공들을 동경하고 '저렇게 살아보고 싶다'가 아니라 '나는 ~해서 ~할 거니까 지금 ~해야지'라는 구체적인 계획을 가지고 실행에 옮겼다면 성인이 되자마자 아르바이트를 했을 것이고, 번 돈을 모아 세계의 이곳저곳을 다녀봤을 것이다. 하지만 나는 22살 이전까지는 한 번도 외국에 가보지 못했다.

그러다 22살이 되던 해, 스튜디오 일을 하며 운 좋게 뉴질랜드에 갈 기회가 생겼다. '반지의 제왕'의 핵심 로케이션이 있다는 뉴질랜드라니! 나는 부푼 기대와 설렘을 안고 비행기에 올랐다. 내가 간 곳은 뉴질랜드 남섬 와카티푸 호수에 위치한 퀸즈타운이라는 도시였다. 뉴질랜드 개척 당시에 사금을 캐던 사람들이 타운 주변의 산과 강의 빼어난 아름다움에 매료되어서 퀸즈타운이라는 이름을 붙였다는데 이름과 어울리게 정말 아름다운 도시였다.

어릴 때부터 해외여행에 로망을 품고 있던 내가 스물둘이 되어서야 가게 된 첫 여행의 소감은 어땠을까?

그야말로 '최고였다.'

좋았던 정도가 아니라, 내 인생을 통틀어 가장 인상 깊고 멋진 경험이었다. 그 나라만의 공기와 분위기, 뉴질랜드인들과 인사를 나누었던 경험과 당시 내 감정과 느낌, 뭐 하나 값지지 않은 것이 없었다. 영화나 인터넷에서는 얻을 수 없던 경험이었다. 지금도 그때의 기억들을 회상하면 얼굴에 미소가 떠오른다.

어떤 일이든 우리가 머릿속으로 생각하고 상상만 하는 것과, 구체화시키고 실현하여 직접 경험하고 느끼는 것은 하늘과 땅 차이이다. 결국 성공의 여부는 지능이 아니라 목표를 구체화하여 실현하는 능력에 의해 갈린다고 해도 과언이 아니다. 구체화시키지 않고 실현시키지 않은 막연한 목표는 우리의 삶을 절.대.로 바꿔줄 수 없다.

우리의 뇌는 똑똑하지만 무척 게을러서 구체적으로 몇 시에, 무엇을 하라고 명령하기를 거부하고, 나중으로 미루기를 좋아한다. 누구나 방을 청소하고 이불 개는 일을 미루었던 경험이 있을 것이다. 점점 두꺼워지는 뱃살을 내려다보며 운동해야겠다고 결심하지만 헬스장에 가기를 차일피일 미뤄본 적도 있을 것이다. 그렇기 때문에 우리는 스스로 무엇이 되고 싶은지, 그러기 위해서는 언제, 어디서, 무엇을 해야만 하는지 최대한 구체적으로 계획하고 실현해야 한다.

특히 경제적 자유를 얻기를 원한다면 이 '구체화 전략'은 아주 유용할 것이다. 지금부터 아래의 질문에 답하며 당신이 왜 돈을 모아야 하고 경제적 자유를 얻어야 하는지 생각해보자.

- 현재 당신이 좋아하는 일을 직업 삼아 하고 있는지?

- 아니라면 현재 당신은 행복한가?

- 장기적인 행복을 위해서 최소 필요한 돈은 어느 정도일까?

- 경제적인 압박감에서 벗어나려면 돈이 얼마나 필요할까?

- 그 돈을 모으기 위해서는 무엇부터 해야 할까?

좋아하지 않는 일을 하면서 돈에 대한 압박까지 받는다면 그보다 불행한 인생은 없을 것이다. 단 한 번 사는 인생, 우리는 이미 그 인생의 20~30% 이상을 살았다. 더군다나 우리 한국 사회에서는 나이를 먹어갈수록 더욱이 자신의 행복보다는 가족을 위한 희생정신과 무거운 책임감을 짊어지고 '내'가 없는 삶을 사는 것이 일반적이다.

그렇다면 경제적 자유를 얻고 난 후의 삶은 어떨까? 압박감,

부담감을 짊어지지 않고도 나도, 내 가족도 더욱 풍요롭고 안정적인 삶을 살 수 있다. 내 나이 서른, 현재 자산은 겨우 2억 5천이다. 누군가에게는 충분한 돈일 수 있고, 누군가에게는 어림도 없는 푼돈일 수도 있다. 하지만 훗날 내가 경제적 자유를 이룰 것이고, 부자가 되리라고 확신할 수 있는 이유는, 현재 자산이 얼마나 있는지가 아니라, 과거에 목표로 삼았던 목표들을 구체화하여 모두 실현해냈다는 사실에 근거한다.

내가 월급 140만원으로 시작하여 현재 월 1100만원의 소득을 만들어내기까지, 나는 목표를 아래와 같이 구체화했다.

- 나는 1억을 모을 것이다! (3년으로 목표 설정)

- 월급의 80%를 저축, 첫 월급 140만원 (부모님 집에서 최대한 오래살기)

- 1000만원 단위로 목표설정 (3년의 타임라인을 미리 짜본다)

- 은행은 단지 내 월급통장. 모든 돈은 투자금과 투자 대기 자금으로 나눈다 (현금은 시간이 지날수록 가치가 떨어진다).

- 자산의 과반을 달러로 보유한다.

- 1억 달성!

> - 2억을 목표로 설정. 하지만 이제 저축의 한계를 느낀다.
>
> - 새로운 파이프라인이 필요하다. (독서를 통한 아이디어 수집)
>
> - 우선 쉽고 간단한 사업구조를 만들어 보자.

처음부터 자신만의 구체화 전략을 세우기가 막막하다면, 아래 3단계 방법을 먼저 사용해 보라.

① 상황진단
② 계획방침
③ 일관된 행동

1단계: 상황진단

말 그대로 현재 당신의 상황이다.

내가 부모님과 사는지, 자취를 하는지, 결혼을 했는지 혹은 할 계획이 있는지에 따라서 달라진다. '나는 무조건 3년 안에 1억을 모을 거야!' 물론 불가능하지는 않지만 상황에 따라 자칫 무리한 목표가 될 수도 있다.

구체적인 계획 없는 무리한 목표는 망상이라고 했다.
자신의 상황을 먼저 냉철하게 진단해 보자.

2단계: 계획방침

이 단계에서는 우리가 입에 달고 살았던 구체적인 계획을 짜야 한다.

보통 많은 사람들이 이 단계에서 실수를 범하는데, 바로 '해야 할 것'에 대해서만 계획을 세우기 때문이다. 그 대신, 목표를 달성하기 위해 '하지 말아야 할 것'을 먼저 적어보자. 최소 세 가지는 생각해 보는 것이 좋다.

만약 생각이 나지 않는다면 당신의 카드 거래내역, 가계부를 확인해 보자. 분명 그중 과소비를 불러일으키는 요소가 있을 것이다. 하지 말아야 할 목록을 인지하지 않은 상태에서 주구장창 해야 할 것만 적으면 자칫 계획을 세우는 것이 아니라 희망사항을 적는 꼴이 될 수 있다.

하지 말아야 할 것을 먼저 적음으로써 우리는
해야 할 일을 더욱 명확히 할 수 있으며
목표를 위한 계획의 명분을 더욱 더 강화시킬 수 있다.

3단계: 일관된 행동

제아무리 완벽한 구체적인 계획도 실천이 없다면 계획에서 끝나 버린다.

2단계에서 해야 할 것을 명확히 하고 명분을 강화시켰으니 실천은 크게 어렵지 않을 것이다. 최대한 빠르게 행동으로 옮겨 당신이 세운 계획이 현실성이 있는지 검증해 보라. 우리는 장기적인 목표달성을 해야 하기에 지나치게 무리한 계획을 잡으면 곤란하다.

실천을 통해 검증해본 뒤
지나치게 무리한 계획이었다고 판단된다면
재조정을 거쳐 당신의 라이프스타일과 상황에
최적화된 자산계획을 세우자.

미루는 습관에서 벗어나려면

미루기의 맛은 달콤하다. 그래서 누구나 미루기를 좋아한다. 세계적인 블로거 팀 어번은 우리의 뇌에는 '합리적 의사결정자'와 '원숭이'가 살고 있다고 비유했다. 우리 안의 합리적인 의사결정자는 이루고자 하는 목표를 향해 나아가려 하지만 문제는 바로 원숭이다. 현재를 즐기고, 순간의 만족감을 좋아하는 원숭이는 당신이 운동하러 가야 할 때 핸드폰을 들이밀며 인스타그램 새 피드만 확인하고 가자며 유혹하고, 과제를 해야 할 때, 중요한 시험을 앞두고 있을 때, 딱 10분만 더 게임을 하자고 조를 것이다.

당신 안에 있는 합리적 의사결정자와 원숭이는 매 순간 충돌할 테고, 대부분의 상황에서 승리자는 합리적 의사결정자가 아닌 원숭이이기 때문에 우리는 쉽게 게을러지고 나태해진다. 그런데 이렇게 게을러터진 원숭이가 두려워하는 존재가 있는데 바로 '패닉몬스터'다. 패닉몬스터가 나타나면 원숭이는 숨어버리고, 그동안 당신은 목표를 향해 정진할 수 있다. 하지만 안타깝게도 패닉몬스터는 우리가 기한을 앞두고 무언가에 급박하게 쫓기는 상황에서만 등장한다.

이를테면 중요한 시험을 앞두고 벼락치기를 할 때, 과제 제출 기한 바로 전날 초인적인 집중력을 발휘할 수 있는 이유가 패닉몬스터 덕분이라는 이야기다. 출판이 처음이었던 내가 출판사와 계약을 할 때 가장 걱정했던 부분이 있었는데, 기한 내에 원고를 전달해야 하는 것이었다. 계약서에 사인한 뒤 원고 마감 기간은 약 두 달 남짓 남았다. 당시에는 두 달이면 충분하다고 생각했지만 1주일이 지나고, 2주차가 됐을 때쯤 깨달았다.

'원숭이의 달콤한 속삭임에 또 속아버렸구나. 이제 한 달 반밖에 안 남았네. 망했다.'

계약 당시에는 한 달 반도 충분하리라 생각했지만 정신 차리고 생각해보니 하루종일 집필에만 몰두하면 모를까, 작가가 직업도 아닌 내가 하루에 해야 할 일은 산더미처럼 쌓여 있었기에 책 쓰기에 집중할 수 있는 시간은 많지 않았다. 그때 나는 '패닉 몬스터'를 소환했다. 하루 3장을 데드라인으로 정하고 3장을 못 쓰면 밤을 새워서라도 반드시 마무리하기로 정했다. 그렇게 4주 차가 지나자 마감기한까지 어느 정도 윤곽이 잡히기 시작했다.

이 '패닉몬스터'를 잘 활용하면 목표를 더욱 효과적으로 달성할 수 있다. 단, 외부 상황이 정해 놓은 마감기한이 아니라 스스로 자신만의 데드라인을 정해야만 패닉몬스터를 자유자재로 소환하고 활용할 수 있다는 사실을 명심하자.

지금 당장 운동을 시작해야 하는 이유

당신은 어떤 학창시절을 보냈고 지금은 어떤 삶을 살고 있는가? 인정하기 싫지만, 우리 대다수는 그렇게 특별하지도, 특출나지도 않다. 잘생기고 예쁜데 공부까지 잘하는 소위 엄친아, 엄친딸들에게 치여 별다른 주목을 받지 못하는 평범한 학창시절을 보낸 우리는 사회에 나와서도 그저 그런 평범한 회사에서 평범한 회사원으로 살아간다.

그러다 어떤 날은 성공한 사업가나 유명인들의 성공 신화에 솔깃해서 '나도 열심히 하면 저렇게 될 수 있을까?' 하는 희망에 빠졌다가도 얼마 지나지 않아 약해 빠진 의지를 탓하고 자책하며 '역시 나는 안 될 거야' 하고 포기해 버린다. 그렇게 학습된 무력감에 빠져 아무것도 도전하지 않고 시도하지 않는 그저 그런 일상을 살게 된다.

어렸을 땐 세상이 나를 중심으로 돌아간다고 믿었고 내가 세상의 주인공 같았지만, 이제는 아싸, 루저, 열등감 같은 단어들이 오히려 나와 더 가깝게 느껴진다.

이 장에서는 그런 당신의 삶에 조금이나마 동기와 활력이 될 수 있는 '운동'에 대한 이야기를 해볼까 한다. 군 시절, 유일한 낙이 하나 있었다면 단연 '운동'이었다. 체력단련실에서 운동을 마치고 돌아오면 동기들이 하나 같이 내게 물었다. "왜 그렇게까지 열심히 운동하는 거야? 어차피 전역하면 다시 원래대로 돌아갈 텐데 적당히 하지."

"그냥 할 것도 딱히 없어서"라고 가볍게 답했지만 사실 그 당시의 나는 운동에 반쯤 미친놈이었다. 월화수목금토일 단 하루도 쉬지 않고 운동했음은 물론, 일과 중에도 머릿속에는 그저 '오늘은 퇴근 후에 어떤 운동을 할까, 주문한 프로틴은 언제쯤 올까' 하는 생각뿐이었다.

처음에는 다소 무식한 방식으로 운동했다. 가슴운동이 좋다는 이유로 매일 벤치프레스만 하기도 했고, 단백질 보충제를 마치 마법의 약처럼 여기며 하루에 몇 잔을 연달아 마시기도 했다. 운동을 계속하면서 들 수 있는 무게가 점점 올라가고 몸이 커지는 느낌이 들면 황홀하기까지 했고 운동하다가 다치거나 체력단련실 운영이 잠시라도 중단되는 날이면 심장이 벌렁거리고 세상이 무너진 듯 좌절하기도 했다(결국 그날 밤 산에 올라 턱걸이와 평행봉으로 어떻게든 하루 운동량을 채우고야 말았다).

이전에는 무언가에 집착해본 적도, 무언가를 이루기 위해 내 모든 의지를 불태운 적도 없었다. 학창시절, 아니 성인이 되어서도 한동안은 그랬다. 공부든 뭐든 그저 중간만 하면 다행이라고, 꼴찌만 면하면 그걸로 됐다고 생각하며 학창시절을 보냈고 누군가가 뭘 좋아하는지, 뭘 잘하는지 물으면 뭐라 대답해야 할지 난감했다.

그랬던 내가 운동에 집착하게 된 계기는 '노력'을 통한 '변화'를 경험하고, '변화'를 통한 '희망'을 보기 시작하면서부터였다. 아마도 당시의 나는 '운동'이 자신의 가치를 증명할 수 있는 거의 유일한 수단이라 여겼던 것 같다. 굉장히 낯 뜨겁지만 필터링을 거치지 않고 솔직하게 이야기하면, 처음에는 변화된 내 모습을 다른 사람들이 부러운 시선으로 바라보는 것이 좋았다.

친구들 사이에서 뭐 하나 뛰어나지 못했던 내가 누군가가 부러움의 대상이 될 수 있다니, 최신 핸드폰이나 게임기를 샀을 때 느꼈던 부러움의 시선과는 차원이 달랐다. 물론 이제는 스스로의 만족감, 성취감이 훨씬 더 크고 중요해졌지만 처음에는 그렇게 단순하고 유치한 감정이 계기가 되어 운동을 사랑하게 되었다.

그렇게 시작한 운동으로 결국 무엇이든 할 수 있다는 자신감을 얻었고, 더딜지 몰라도 노력하면 언젠가는 성장하리라는 믿음이 생겼다. 이전에는 아무것에도 도전하지 않는 상태를 안정적이라 여기던 내가, 지금은 새로운 것에 도전하고 배우기를 전혀 꺼리지 않게 되었다. 오히려 과정을 인내하여 얻을 결실에 시작하기도 전에 설렘이 찾아왔다.

세상에 성실하게 노력한 만큼의 결과를 공정하게 돌려받을 수 있는 일은 생각보다 많지 않다. 일반적으로는 이기는 경험보다는 지는 경험, 패배의 감정을 훨씬 더 많이 겪는다. 물론 실패와 패배를 통해 얻은 것이 때로는 성공이나 승리를 통해 얻은 것보다 더 값질 때도 있다.

그러나 평생을 성취해 본 경험도, 이겨본 경험도 없이 그저 패배만 하며 산다면 성공의 기쁨을 맛보기도 전에 이미 학습된 좌절감에, 무언가에 감히 도전조차 할 수 없는 인생을 살게 될 것이다. 과거의 내가 그랬듯 잘하는 것도, 좋아하는 것도 없이 그저 '중간'에 만족하며 살아왔다면, 그럼에도 불구하고 한 번쯤은 '이기는 경험'을 해보고 싶다면, 나는 주저 없이 당장 운동을 시작하라고 말하고 싶다.

"몸은 거짓말을 하지 않는다"는 이야기를 숱하게 들어왔으면서도 의구심이 든다면, 아직 변화를 경험해보지 못했기 때문이다. 단언컨대 운동은 당신을 속이지 않는다. 건강을 버리면서까지 스테로이드를 투약하지 않는 이상, 일반적으로는 비겁한 반칙이나 요령을 쓸 수도 없다. 얼마나 잘 먹고, 얼마나 꾸준히, 얼마나 정확히 운동하느냐에 따라 그 결과는 매우 정확하고 분명하게 나타난다. '끈기와 인내심'만 있다면 나보다 집안이 좋거나 지능이 좋은 친구들과도 동일선상에서 경쟁을 치를 수 있는 거의 유일한 영역이 '운동'이다.

운동의 정서적 효과를 극대화하기 위해 내가 활용하는 구체적인 방법을 소개한다. 나는 무게를 들어올리기 전 열등감, 분노, 좌절감 등 내면의 부정적인 감정들을 이미지화한다. 그리고 그것을 원동력 삼아 무게를 들어 올렸을 때, 마치 그것을 극복한 듯한 기분 좋은 착각에 빠진다. 이러한 방법으로 무게를 들어 올렸던 경험은 우리 뇌에 각인되어 실제 삶에서도 그것을 극복할 수 있다는 믿음으로 작용한다.

"나는 왜 이렇게 살고 있을까?
금수저가 아니어서? 사회가 잘못되어서?
그럴 수도 있다.
하지만 다른 사람이나 나의 환경만을 탓하며
바뀌기를 기다리기엔 인생이 너무 짧다.
가장 빨리 바꿀 수 있는 건 바로 나 자신이다."
톰 콜리

"당신이 부자가 될지, 가난해질지
아니면 중산층에 머물지는 습관이 결정한다."
잭 캔필드

치즈와 고양이

성공한 이들의 책들을 읽으며 내가 가장 놀랐던 점은 그들의 이야기에는 몇 가지 공통점이 있다는 사실이다. 첫째는 '운동을 통해 일상을 루틴화하자,' 둘째는 '시간의 효율성을 극대화하자'는 메시지였다. 각자 분야가 전혀 다른 이들이 이구동성으로 같은 메시지를 전달하다니, 과연 우연일까? '운동'과 '시간의 효율' 사이에는 어떤 상관관계가 있는 것일까?

운동의 매력에 빠지면 운동 방법과 영양섭취에 과할 정도로 집착하게 된다. 운동을 좋아하는 사람이라면 대부분 공감할 것이다. 헬스를 포함한 운동 마니아들은 운동이 하기 싫어도 기어

이 운동하러 간다. 그리고는 막상 체육관 혹은 헬스장에 들어서고 나면 언제 그랬냐는 듯 운동에 집중한다.

이런 일이 가능한 이유는 무엇일까? 최면이라도 걸린 걸까? 그들의 원동력은 바로, 과거로 돌아가는 것에 대한 두려움에서 온다. 나는 '운동'과 '시간 효율' 간의 상관관계가 여기에 있다고 생각한다. 운동 마니아들은 근손실에 대한 두려움과 좋은 몸을 갖고자 하는 욕망을 동시에 활용하여 강한 동기부여 시스템을 만들어낸다. 이 시스템이 곧 시간을 효율적으로 사용하는 습관의 기반이 된다.

신경생물학자 팬크셰프의 흥미로운 실험이 있다. 굶주린 쥐가 복도 반대편에 놓인 치즈를 먹으려고 한다. 이때 쥐의 꼬리에 스프링을 달고 끌어당기는 힘을 측정해 보면 쥐가 치즈를 얼마나 간절히 원하는지 알 수 있다. 이번에는 복도 반대편에 있는 치즈를 먹으려는 쥐의 꼬리에 똑같이 스프링을 달고, 고양이의 체취를 퍼뜨려본다.

쥐는 배고픔과 고양이에 대한 두려움을 동시에 느껴 더욱 필사적으로 복도 반대편으로 가려 할 테고, 스프링이 끌어당기는 힘은 이전보다 더 강하게 작용할 것이다. 물론 고양이에게서 탈출하려는 것은 치즈를 먹기 위해 나아가는 것과 서로 다른 동기부여 시스템을 가지고 있지만 우리는 이 실험을 통해 두려움, 불안감과 희망의 에너지가 결합됐을 때 동기를 최대한으로 끌어올릴 수 있다는 사실을 알 수 있다.

깡마른 체구의 자존감이 낮은 사람들이 운동을 통해 자존감을 회복하고 180도 다른 인생을 살게 되는 경우를 종종 본다. 그들은 분명히 지금도 운동에 미쳐 있을 것이고, 아마 죽을 때까지 운동을 할 것이다. 그들은, 앞에서는 맛있는 치즈가 유혹하고 뒤에서는 무서운 고양이가 따라오는 상황에 놓인 절박한 쥐의 심정으로 운동하기 때문이다.

즉 이미 강력한 동기부여 시스템을 가지고 있고, 이미 이 시스템을 활용하여 또 다른 영역에서도 역량을 발휘하고 있을 것이다. 운동으로 만들어진 다부진 몸과 체력은 그들에게 훈장과도 같으며 무엇보다 운동이 주는 선한 에너지를 피부로 느껴본 사람들은 그 에너지에 중독될 수밖에 없다.

그들은 비가 오든 눈이 오든 운동을 하고, 하루 단백질 섭취량을 맞추기 위해 스스로 식단을 관리한다. 운동하지 않는 사람들에게 '불금'은 먹고 즐기며 일주일의 피로를 날리는 날이지만, 운동하는 사람들에게 '불금'이란 없다. 그저 '레그데이, 푸쉬데이, 풀데이'만 존재할 뿐이다.

아직 운동의 매력에 빠져보지 않은 이들은 이해할 수 없겠지만 나는 이 순간에도 오늘 저녁에 등, 하체 운동을 할지, 아니면 가슴, 어깨 운동을 할지를 고민하고 어떤 음식을 먹을지 생각한다. 이러한 집착이 루틴을 만들고, 루틴으로 인해 시간은 더욱 효율적으로 사용된다.

정해진 하루의 일과 안에서 운동을 위한 일정 시간을 확보하기 위해서는 불필요하게 쓰이는 시간들을 없애야만 하기 때문에 운동하는 사람들은, 운동하지 않는 사람들에 비해 '시간을 효율적으로 관리하는 법'을 잘 알고 있다.

운을 부르고 운을 불리는 습관

나는 기질적으로 새로운 것을 시도하는 것과 새로운 환경에 노출되는 것을 싫어하고 예측 불가능한 상황에서 극도의 불안을 느끼는 사람이다. 매일 가던 음식점에 가서 항상 먹던 메뉴를 먹는다. 예측 가능한 맛이어서 실패할 확률이 거의 없기 때문이다.

일상이 매일 예측 가능한 패턴으로 흘러갈 때, 나는 안정감을 느낀다. 내 삶이 실패할 확률을 낮춰준다고 믿기 때문이다. 내가 루틴화된 일상을 통해 경험한 루틴화의 매력은 내 삶이 통제 가능한 범위에 있을 때, 불안감에서 오히려 더 자유로울 수 있다는 사실이었다.

하지만 내가 당신에게 강조하고 싶은 루틴화의 진짜 강점은 따로 있다. 루틴화는 우리 인생에 위험요소가 발생할 확률, 실패 확률을 낮춰줄 뿐만 아니라 반대로 운이 발생할 확률 또한 높여준다.

삶에서 운이 중요하게 작용한다는 것은 부인할 수 없는 사실이다. 그런데 자의적인 노력을 통해 이 운이 발생할 확률을 어느 정도 높일 수 있다. 바로 일상의 루틴화를 통해서다.

매일 꾸준히 운동을 하면 운동과 관련된 운이 발생할 확률이 높아지고, 매일 꾸준히 콘텐츠를 업로드하면 관련 사업에 관한 좋은 기회가 생길 확률이 높아진다.

로또를 사지도 않으면서 로또 1등에 당첨되기를 바라는 사람이 있다. 매일 집에만 있으면서 연애하고 싶다고 노래를 부르는 사람이 있다. 헬스장에 가지 않으면서 멋진 몸매를 갖기 바란다. 이처럼 많은 사람들이 '~~하지 않으면서 ~~하기를' 바란다.

단순히 우연에 기댄 기적에 가까운 운은 발생할 확률이 매우 희박하다. 똑같은 돈이라도 로또 맞아서 얻은 돈과, 루틴화된 일상을 통해 나의 상황을 운이 발생할 최적의 조건으로 만들고, 반복되는 루틴 안에서 작용하는 운에 의해 얻은 부는 천지 차이다.

당신은 하루아침에 벼락부자가 되거나, 꿈꾸던 좋은 운이 기적처럼 발생하기를 염원하겠지만 단순히 운에 기댄 기적에 가까운 운은 발생할 확률이 매우 희박하다. 희박한 확률을 뚫고 얻었다 한들, 이렇게 얻게 된 운은 당신의 삶을 행복하게 하는 게 아니라 오히려 불안하게 만든다. 손에 쥔 모래처럼, 언제든 사라질 수 있다는 것을 스스로 잘 알고 있기 때문이다.

반면 루틴화를 통해 자신의 상황을 운이 발생하기 좋은 최적의 조건으로 설정하고 그 안에서 발생하는 운에 의해 원하는 것을 이뤄낸 사람은 그러한 운이 발생했을 때도 흔들림 없이 루틴화된 일상을 계속 이어나간다. 그리하여 더 큰 운을 끌어당긴다. 마치 복리가 쌓여가듯, 운이 발생할 확률은 눈덩이처럼 불어난다. 루틴화의 원리를 알고 이것을 활용할 줄 아는 사람은 이러한 방법으로 운이 발생할 가능성을 계속 높여나간다.

나의 경우, 유튜브를 통해 수익을 내고 사업을 시작하면서 여러 가지 파이프라인을 만들어내고 있다. 내가 처음 유튜브를 통해 수익을 내기 시작했을 때, 전업유튜버를 하겠다며 다니던 회사를 그만두고 루틴화된 일상을 멈췄다면, 다시 말해 단순히 우연히 발생할 운이 찾아오기만을 기다렸다면 더 좋은 기회는 오지 않았을 것이다.

훗날 내가 이룬 것들은 지금보다 훨씬 많을 테고 나의 상황들

은 변해있겠지만, 그때도 나는 틀림없이 아침 7시에 일어나 밥을
먹고 운동을 가고 일을 할 것이다. 특출나지 못한 내가 앞으로 나
아갈 수 있는 힘은 오로지 '습관'에 있음을 확신하기 때문이다.

루틴화를 통해 당신의 삶을 통제 가능하고
예측 가능한 범위에 두라.
이것이 운의 흐름을 당신 편으로 만드는
가장 확실한 방법이다.

의지만으로는 삶을 바꿀 수 없다

사람들은 목표를 달성하고자 할 때, 자기 의지를 통제하려고 한다. 그러나 나를 포함한 대부분의 사람들은 의지만으로는 절대 목표를 달성할 수 없다. 인간의 의지는 한없이 나약하기 때문이다. 하지만 루틴화는 모든 것을 가능하도록 만든다. 루틴화의 포인트는 활동의 루틴을 몸에 익혀 의지가 아닌 습관으로 움직이도록 하는 데 있기 때문이다.

일단 헬스장에 가면, 운동하고 싶은 의지는 저절로 생긴다. 일단 하고 싶은 의지가 생길 수 있는 상황에 자신을 노출시키라. 침대에 누워 있으면서 운동하고 싶은 의지가 저절로 생기기를 바라는가? 당신이 운동을 하겠다고 결심하는 순간, 뇌는 온갖 변명들을 만들어낼 것이다.

'오늘은 날씨가 안 좋으니까 내일 해야지.'
'오늘은 컨디션이 좀 안 좋으니까 내일 해야지.'
'오늘은 약속이 있으니까 내일 해야지.'

이런 생각이 조금이라도 떠오르는 순간 당장 자리에서 일어나서 나가라. 행동이 늦어질수록 우리의 뇌는 목표를 달성하기까지의 힘든 감정들을 회피하기 위해 온갖 변명을 만들어내며 행동하지 못하게 만들 것이다.

5분 있다가 해야지, 안 된다.
내일 해야지, 안 된다.

그 순간만큼은 생각하기를 잠시 멈추고 몸을 움직이라. 그리고 그것을 매일매일 루틴화하라. 의지가 아닌 습관으로 움직일 때, 당신의 삶은 당신이 원하고 계획하는 대로 반드시 변화한다.

시간관리의 힘

불필요한 것들을 걷어내고 해야 하는 일에 집중하기. 제한된 자원을 효율적으로 사용하기. 인간의 수명을 80년이라고 한다면 우리에게는 총 701,280시간이 주어진다. 나를 포함한 대부분은 이미 평균적으로 20년 이상 살았을 테니 우리에게 남은 시간은 약 525,960시간 정도 되는 셈이다. 아직은 많이 남았다고 생각할 수 있겠지만 그렇지 않다.

영국 리버풀대학의 심리학자 브롬리는 우리 인생 중 4분의 1은 성장하며 보내고 나머지 4분의 3은 늙어가며 보낸다고 말했다. 평균 수명을 80년으로 볼 때, 60년을 늙어가며 보낸다는 뜻이다. 그렇다면 우리는 이 시간을 어떻게 소비하고 있을까? 아래는 우리가 평생 어떤 일에 얼마의 시간을 소비하며 지내는지 활동별로 비교한 자료다.

그림 1 일생을 나타낸 표

순위	활동 내용		평생 기간	시간(Hr)
01	일하는 시간		26년	227,760
02	잠자는 시간		25년	239,000
03	TV 보는 시간		10년	87,600
04	먹는 시간		6년	52,560
05	전화 받는 시간		4년	35,040
06	화장실 가는 시간		3년	26,280
07	부엌에서 보내는 시간	남자	1년 3개월	10,800
		여자	2년 5개월	21,840
08	기다리는 시간		2년	17,520
09	화내는 시간		2년	17,520
10	이성을 바라보는 시간	남자	1년	8,760
		여자	0.5년	4,320
11	몸단장 시간	남자	46일	1,104
		여자	136일	3,276
15	미소 짓는 시간		88일	2,112

출처: 영국 타블로이드 신문 〈더 선〉

물론 수 년 전 영국 사람들을 대상으로 통계를 낸 결과이기 때문에 현재 우리와는 다소 다를 수 있지만, 눈여겨보아야 할 점은 우리가 생존을 위해 필수적으로 소비해야 하는 시간을 제외한다면 하루에 소비할 수 있는 시간은 얼마 되지 않는다는 사실이다. 우리에게 한정된 것은 시간뿐만이 아니다. 집중할 수 있는 에너지 또한 제한된 자원이다.

하루에 집중할 수 있는 에너지가 100이라고 가정해 보자. 우리는 한도가 100인 집중력을 가지고 일과를 보내게 되고 집중력을 다 소진해 버리면 번아웃 상태가 되어 남은 일에 집중하기 어려워진다. 하루가 아니라 일생 전체를 놓고 봐도 마찬가지다. 불필요한 집중들이 누적되었을 때 허비되는 시간과 에너지는 당신의 상상 이상으로 어마어마하다.

전날 밤새 게임을 하느라 다음날 학교나 회사에서 흐리멍덩한 정신 상태로 일과를 보낸 경험, 시험공부를 시작하기 전에 평소 하지도 않던 대청소를 하느라 정작 공부할 시간이 모자랐던 경험 모두 불필요한 곳에 집중력을 소모하느라 정작 중요한 일을 해야 할 때 효율과 성과를 내지 못한 사례이다.

한때 미니멀리즘이라는 단어가 열풍이었다. 이것은 단순히 비우는 데만 의미를 두지 않는다. 비우기를 통해 더 중요한 가치에 집중하는 것이 미니멀리즘의 핵심이다. 이는 우리 삶 대부분의 영역에 적용되는 이야기다.

방에 있는 불필요한 물건들을 정리하는 과정이 필요하듯 삶에서 불필요하게 소모되고 낭비되는 시간이 무엇인지 정리하고 제거한다면, 우리는 목표달성을 위해 해야 하는 일에 더욱 집중할 수 있고 한정된 시간을 보다 효율적으로 사용할 수 있을 것이다.

시간을 효율적으로 사용하려면 어떻게 해야 할까?

불필요한 인간관계를 과감하게 끊고
나 자신에게 온전히 집중하는 시간을 확보하라

성공한 이들의 대부분은 기술, 지능보다 인간관계, 인맥관리의 중요성을 강조한다. 하지만 그들이 말하는 인맥 관리는 술자리에 참여하여 비생산적인 대화를 나누고 중요하지도 않은 사람들의 신세 한탄을 듣는 데 시간을 쏟으라는 얘기가 아니다.

한국 사람들은 유독 남의 눈치를 많이 본다. 나보다 타인의 요구에 부응하기 위한 불필요한 일들에 너무 많은 에너지를 소모한다. 남들이 무엇을 하며 사는지, 뭘 입는지, 어떤 차를 타는지, 뭘 먹는지를 궁금해하느라 정작 자신에 대해 궁금해야 할 시간을 빼앗긴다.

모두에게 좋은 사람이 되어야 한다는 강박을 버리라. 당신이 원하는 것이 무엇인지 집중하고, 그것을 실현하기 위해 움직이는 데 대부분의 시간을 쏟으라. 운동도 좋고 명상도 좋다. 나 자신에게 온전히 집중하는 시간을 확보하고 내가 원하는 삶이 무엇인지 명확히 하라.

불필요한 트러블은 피하라. 설득하려 들지 말라

한때 나는 '논쟁 행위'를 좋아했다. 누군가의 의견에 '틀렸다'는 확신이 들면 어떻게든 그 사람을 설득시켜야만 직성이 풀리는 성격이었다. 오만하게도 당시에는 나의 논리가 완벽하고 상대방의 논리에는 허점이 있다고 믿었다. 이런 점 때문에 연애 초반 여자친구와도 무척이나 열과 성을 다해 부지런히도 싸워댔다.

나는 싸울 때마다 여자친구의 입장을 이해하려는 시도조차 하지 않았고 계속 나의 타당함만을 증명하고 억울함을 토로하는 데 집중했다. 그러다 보니 싸움이 나면 보통 서너 시간이 기본이었다. 싸운 뒤 며칠 지나고 나면 뭐 때문에 싸웠는지 기억조차 나지 않는 일을 가지고 왜 시간낭비, 감정낭비를 했는지 후회했지만 싸움이 일어날 때면 나는 또 똑같은 패턴을 반복했다.

그러다 어느 날, 데일 카네기의 《인간관계론》이란 책을 읽고 내 생각에 조금씩 변화가 일어났다. 카네기는 상대방을 설득하기 위해서는 오히려 논쟁을 피하고, 잘못을 지적하는 대신 상대방의 의견을 존중해야 한다고 강조했다. 처음엔 이거 '호구'되는 방법 아니야? 하고 생각했지만 읽을수록 설득력 있는 그의 주장에 매료되어, 밑져야 본전이라는 심정으로 내 삶에도 적용해 보기로 했다.

다행히(?)도 며칠 지나지 않아 실험해볼 기회가 생겼다. 또 싸움이 시작된 것이다. 나는 평소와는 다르게 행동하리라 마음먹었다. 자존심은 일단 접어두고 여자친구의 입장을 이해하려고 했다. 순간 반박하고 싶은 마음에 입이 근질근질하고 못된 말들이 목구멍까지 올라왔지만 감정을 가라앉히고 우선 여자친구의 이야기를 들었다. 30분쯤 됐을까, 여자친구의 열변이 끝날 때쯤 나는 알겠다, 이해한다고 말했다. 그러자 신기하게도 싸움은 곧바로 끝이 났다.

평소에는 최소 서너 시간, 길게는 하루 종일 걸렸던 싸움이 고작 40분 만에 끝난 것이다.

덕분에 나는 평소처럼 운동도 가고, 책도 읽고, 여자친구와도 다시 좋은 감정으로 통화하고, 가벼운 마음으로 잠자리에 들 수

요즘 투자

있었다. 문득, 싸우느라 소비했던 시간들이 아까웠다. 당장 헤어질 정도의 큰 문제가 아니라면 사소한 문제를 굳이 크게 키울 필요가 없는데도 그동안 내 타당함을 증명하기 위해 너무 많은 집중력과 시간을 허비했다. 수년간 싸운 시간만 모아도 1~2년은 족히 될 텐데, 차라리 그 시간에 여자친구와 취미활동이라도 함께 즐겼다면 얼마나 좋았을까.

최근 유튜브 신규구독자 유입이 늘어나면서 익명의 인신공격성 악플이 달리기도 하지만 굳이 대응하지 않는 이유도 여기에 있다. 누군가가 내 견해에 반박해도 이제는 굳이 논쟁하려 들지 않는다. 나와 다른 견해를 가진 상대방을 설득시키는 짓은 움직이지 않는 바위를 힘껏 뽑아 올려 다른 곳으로 옮기겠다는 시도와 다를 바 없기 때문이다.

다시 말하지만, 우리 모두에게 소비할 수 있는 시간과 집중할 수 있는 에너지는 제한되어 있다. 당신은 지금 무엇에 시간과 집중력을 소비하고 있는가?

사소한 일에 지나치게 많은 관심을 쏟는 사람들은
대체로 위대한 일을 할 수 없다.

라 로슈푸코

스스로의 선택을 신뢰하라

짱구와 짱아가 달리기 경주를 한다. 목표지점에 가기까지 A와 B 코스가 있고, 짱구와 짱아는 어떤 코스가 더 유리한지 모르는 상태에서 코스를 선택할 수 있다.

A코스는 목표지점에 더 빨리 도달할 수 있는 지름길이다.
(유리한 선택)

B코스는 목표지점까지 한참 돌아서 가야 하는 길이다.
(불리한 선택)

A를 선택한 짱구는 열심히 달리는 짱아를 보고 B코스가 더 유리한 선택이 아닐까 의심하며 B코스로 급히 경로를 변경한다. 그러다 중간쯤 다시 A코스로 돌아왔다가 B로 방향을 틀었다가를 반복하느라 지칠 대로 지쳐 결국 목표지점까지 완주하지 못한다. 반면 B를 선택한 짱아는 어떤 자세로 달리면, 자신의 페이스를 어떻게 조절하면 더 빨리 달릴 수 있을지만 궁리하며 목표지점을 향해 전력 질주한다. 조금 멀리 돌아가기는 했지만 무리 없이 목표지점까지 완주에 성공한다.

우리 삶은 무수한 선택의 연속이다. 어떤 선택은 우리 인생을 완전히 다른 방향으로 바꾸기도 한다. 하지만 선택이 영향을 줄 수 있는 것은 '방향'이지 '결과'가 아니다. 성공한 사람과 그렇지 않은 사람의 차이는 무엇을 선택했는지에 있지 않다. 바로 선택한 후의 '태도'에 있다.

대부분의 사람들은 자신이 한 선택을 신뢰하지 못하고 '나도 다른 선택을 했다면 성공했을 텐데' 하며 자신의 삶이 변하지 않는 이유를 과거의 '선택'에서 찾는다. 그리고 남은 인생 대부분 과거를 후회하고, 나와는 다른 선택을 한 다른 누군가를 부러워하는 데 쏟는다.

반면 성공한 사람들은, 선택하기까지 매우 신중하지만 일단 선택하고 나면 그것을 통해 성과를 내는 데에만 집중한다. 바꿀 수 없는 것들, 이를테면 내가 과거에 한 나의 선택, 태어난 환경과 조건들과 같은 것에 대해 미련을 두는 대신, 바꿀 수 있는 것들을 고민한다. 이런 태도는 어떤 선택을 하든 마침내 목표를 이루어낼 수 있게 만든다.

당신이 무언가를 선택했다면 그 선택이 옳은지 아닌지, 다른 선택을 하면 어땠을지 계속 의심하지 말고 선택한 것에 집중하라. 그리고 그것이 옳은 선택이 되도록 온 힘을 다하라.

재능이 없다면 과감하게 포기하라

거듭 강조하지만, 삶의 성공 여부는 효율성에 달려있다. 원하는 삶을 살기 위해서는 자신에게 주어진 시간과 집중력을 어느 곳에 써야 가장 효율적일지를 끊임없이 고민해야 한다. 잘하는 일, 좋아하는 일 중 무엇을 택할 것인가? 우리가 직업선택을 할 때 가장 고민하는 부분이다. 잘하고, 좋아하는 일이라면 금상첨화겠지만 문제는 그것이 일치하는 경우는 거의 없다는 사실이다.

최근에는 자기만족, 행복함을 가장 중요하게 여기는 만큼, 좋아하는 것을 해야 한다는 주장에 더 힘이 실리는 분위기지만 내 생각은 조금 다르다. 좋아는 하지만 어중간하게 잘하는 것을 가지고 과연 어느 정도의 성과를 낼 수 있을까? 노래를 잘하는 사람, 춤을 잘 추는 사람, 재능 있는 사람들이 넘쳐나는 요즘이다.

단순히 노래와 춤을 좋아하고 어느 정도 잘한다고 해서 당신의 시간과 집중력을 그들과 경쟁하는 데 쓰는 것이 과연 좋은 선택일까? 물론 재능이 없어도 노력으로 어느 정도 커버는 가능하다.

하지만 재능이 뛰어난 사람들도 어중간하게 재능 있는 당신만큼 노력한다. 우리에게 주어진 시간은 유한하다. 왜 현저히 낮은 확률에 한 번뿐인 인생을 배팅하는가? 그 시간에 당신이 뛰어나게 잘하는 곳에 집중한다면 훨씬 더 짧은 기간에, 더 좋은 성과를 낼 수 있다.

성과에 따른 보상으로 얻은 자원을 통해 내가 좋아하는 것들을 즐길 기회는 얼마든지 있다.

하지만 좋아하는 것만 계속 고집하느라 아무런 성과를 내지 못하면 결국 생존을 위해 좋아하는 것마저 포기해야 하는 날이 온다. 좋아하는 일을 하기 위해, 가장 잘하는 일, 즉 가장 높은 효율을 낼 수 있는 일에서 먼저 성과를 내는 데 집중하라. 그에 따른 보상은 당신이 원하는 것을 충분히 즐길 수 있게 해준다.

열심히 목표를 세우지만
삶은 늘 제자리인 이유

하면 좋은 일과 반드시 해야 하는 일 구분하기

반드시 해야 할 일 먼저 해결하기

투두리스트(To do list)를 빼곡히 적어놓지만 그중 궁극적인 목표 달성에 기여하는 목표의 비중은 10%도 되지 않는다. 앞서 제시한 구체화 전략을 사용하여 목표 달성을 위해 우선 해야 할 과업부터 해결하라.

반드시 해야 하는 일을 선별해 냈다면,

반드시 해야 하는 일을 하기 위해서

해서는 안 되는 일을 목록화하라.

이 과정을 통해 반드시 해야 하는 일이 더욱 명확해질 것이다. ~하기 식의 리스트만으로는 실행으로 연결하기가 쉽지 않다. 예를 들어,

- 하루에 몇 시간 공부하기를 목표로 세우지만 유튜브를 보느라 책상에 앉지도 못한다.

- 5kg 빼기를 목표로 세우지만 친구들과 술자리를 갖느라 다이어트에 실패한다.

- 1000만원 모으기를 목표로 세우지만 내가 좋아하는 명품을 포기하지 못해 실패한다.

명품 사는 습관, 유튜브 보는 습관, 술자리 등 당신이 반드시 해야 할 일들을 못하게 만드는 요인들에 대해 먼저 적어보자. 그런 후 다음과 같이 목표를 세워보자.

- (하루 7시간 공부하기 위해) 유튜브를 보지 않기.

- (5kg 감량에 성공할 때까지) 친구들과의 술자리는 당분간 자제하기.

- (1000만원을 모을 때까지) 명품 구입하지 않기.

반드시 해야 할 일들을 못하게 만드는 요인들을 제거해 나가면, 반드시 해야 할 일들을 실현하기 조금 더 쉬울 것이다.

자본주의의 꽃,
주식투자의 세계

자본주의 사회에서 부자로 살아남기

귀가 따갑도록 들었겠지만, 오늘날 우리는 투자를 필수로 해야 한다. 더 정확히 이야기하면, 투자를 필수적으로 '했었어야' 했다. 2020년 우리나라의 핫 키워드 중 하나는 '금융문맹'이었다. 금융위, 한국갤럽에 따르면 우리나라 국민 10명 중 9명이 금융교육을 제대로 받아본 적이 없었다고 답했고, 10명 중 7명은 본인의 금융지식이 충분하지 않다고 답했다.

초중고 교육시간 중 금융을 가르치는 시간이 1년에 평균 8.9 시간에 그쳤다는 설문결과에 고개가 절로 끄덕여졌다. 한국은 전 세계 어느 나라보다 교육열이 높은 나라다. 그러나 아이러니

하게도, 자본주의 사회에 살면서 자본을 키우는 교육보다는 권위적인 자리를 위한 교육에 집착해 왔다.

자본주의는 말 그대로 자본이 중심이 되는 사회를 뜻한다. 더 쉽게는, 돈이 최우선이 되는, 돈을 중심으로 움직이는 사회를 의미한다.

이처럼 한국사회는 '돈'에 대해 언급하고 이를 우선 가치로 여기기를 터부시해 왔기 때문에 '자본주의'라는 단어에 거부감을 느끼는 사람들이 있을지 모른다. 하지만 좋든 싫든, 인정하든 인정하지 않든 자본주의는 앞으로도 오랫동안 유지될 가능성이 높다. 적어도 우리가 사는 동안은 말이다. 그런데 돈에 대해 배우지 않겠다는 자세는, 우리가 사는 자본주의 사회를 부정하는 것이나 마찬가지인 셈이다.

대학 시절 누구나 한 번쯤은 과제 지옥에 빠져본 경험, 팀을 짜서 발표과제를 준비해 본 경험이 있을 것이다. 만약 친하지도 않은 동기 중 한 명이 당신이 일주일 내내 공들인 과제물을 그대로 좀 베껴도 되겠냐고 묻는다면? 나 혼자 하드캐리한 발표과제에 무임승차하려는 팀원이 있다면? 만약 당신이 '자본주의자'가 아니라면, 내가 열심히 노력하여 얻어낸 결과물을 노력하지 않은 이들과 '거저' 공유해야만 한다.

그러나 이와 같은 상황에서 "그렇게는 안 된다"고 필사적으로 외치는 사람은 뼛속 깊이 '자본주의자'다. 열심히 준비한 과제물은 우리의 '자본'이고 그로 인해 얻는 학점과 같은 결과물은 우리의 '권리'이다. 우리가 현시대를 살아가며 당연하다고 여기는 것의 대부분은 이렇듯 자본주의적 사고들을 기반으로 하고 있다. 결국 자본주의 사회에서 우리가 해야 할 일은 열심히 노력하여 자본을 모아, '부'라는 결과물을 얻어내는 것이 아닐까.

자본주의 사회에서 부자가 되기로 결심했다면 그 방법에는 크게 네 가지가 있다.

상속

속된 말로 돈 많은 집에서 태어난 금수저여야 한다. 당신이 만약 거액의 상속을 받기로 예정된 상속자에 해당된다면, 미리 축하를 보낸다! 그러나 애석하게도 나를 포함한 대부분의 사람들은 해당사항이 없을 테니 더는 다루지 않겠다(이 부분에 대해 자세히 다루기를 바라는 상속자가 있다면 개인적으로 연락 주시길 바란다).

연봉

아마도 대다수의 사람들이 이 방법으로 부자가 되기를 꿈꿀 것이다. 열심히 공부해서 대기업에 취직하거나, 지금 다니고 있는 회사에서 경력을 쌓아 이직하거나, 협상을 통해 높은 연봉으로 재계약하는 목표를 갖는다. 하지만 1부에서 언급했듯 높은 연봉, 대기업 취직만으로는 경제적 자유에 도달하기 어렵다. 물론 남들보다 부족하지 않게 살 수는 있지만 경제적 압박감으로부터 완전히 해방된, 돈에 구애받지 않는 삶을 살려면 그 이상의 자산이 필요하다. 연봉 하나만으로 부자가 되려면 적어도 연 10억가량의 소득이어야 가능할 것이다.

사업

앞서 이미 다루었다시피 사업은 우리가 기하급수적으로 돈은 벌 수 있는 거의 유일한 방법이기 때문에 나를 포함한 많은 사람들이 최종적으로는 이 단계에 도달하기를 바란다. 그러나 사업을 시작하기 위해서는 사업 아이템, 시간, 자본 등 많은 준비가 필요하고 당신이 아직 이러한 준비가 안 되어 있는 상태라면 이마저도 당장 실현하기는 어렵다.

투자

부자가 되고 싶지만 상속자, 억대연봉자가 아니라면, 또 그렇다고 사업을 하기에는 아무런 준비가 되어 있지 않다면, 당장 부자가 되기 위해 할 수 있는 수단은 하나, 바로 '투자'다.

전 세계 평균을 보았을 때 대부분의 투자자산은 장기적으로 우상향해 왔다. 당연히 물가상승률을 초과해 왔고, 장기적으로는 당연히 수익을 내는 구조였다. 지금 당장 무엇을 해야 할지 모르겠다면 일단 투자를 시작하라(잠깐! 그렇다고 계좌도 없이 뛰어들 생각인가? 최소한의 공부도 선행되어야 한다. 공부부터 하자). 자본주의 사회에서 투자는 밥을 먹듯 아주 당연한 행위다. 투자에 절대공식이란 없지만 확률적으로 유리한 방법은 분명히 존재한다.

어려운 주식용어를 잘 알고, 화려한 차트분석을 익힌다고 진짜 주식고수가 될 수 있을까? 고수들이 매수한 종목만 그대로 따라 사면 그들과 같은 수익을 낼 수 있을까? 수학, 과학, 천문학의 천재들마저 주식투자에서 보기 좋게 실패했던 이유는 무엇일까?

　나는 복잡하고 어려운 차트분석 기술은 알지 못한다. 그러나 주식은 물론 수학, 경제를 1도 모르는 초보자들도 아주 쉽게 주식투자를 시작할 수 있도록 최적화된 투자방법은 잘 알고 있다. 이제 나는 이 책을 통해 전문가가 아닌 평범한 당신들이 아주 쉽고 편하게 할 수 있는 투자방법을 소개하고자 한다.

주식은 어렵다는 편견

주식시장은 당신이 가까이하기엔 너무나 먼, 어렵고 복잡한 영역이 아니다. 어렵고 복잡한 방법으로 공부하고 해석하려 들기 때문에 어렵고 복잡하게 느껴질 뿐이다. 나도 예전에는 개별주식투자를 좋아했다. 남들이 미처 발굴해 내지 못한 가치주를 찾아내겠다며 뜬눈으로 밤을 지새운 적도 있다.

당시 내가 가치주로 눈여겨보던 A기업은 모든 산업 분야를 전문으로 하는 보험회사였다. 나는 3주 동안 A기업의 재무제표를 보며 수익구조와 지배구조를 조사하고 과거 애널리스트들의 의견들까지 모조리 참고했다. 하지만 결국 투자하지는 못했다.

보험사업에 대한 이해도가 부족했고, 아무리 분석을 해도 확신이 없었다. 분석하면 할수록 오히려 자신감이 없어졌다.

인정하자. 우리는 증권전문가가 아니다. 기업분석을 업으로 하는 사람들이 아니라는 말이다. 출퇴근 시간이 정해진 대다수의 직장인에게 하루에 남는 시간은 기껏해야 서너 시간 정도에 불과하다. 그 시간 동안 집중해서 열심히 개별주식을 분석한다고 생각해 보자. 우리는 전문가가 아니라 이제 막 투자에 관심 가진 입문자다.

먼저, 기본 용어부터 공부해야 한다. 벌써 이 단계에서 "복잡하다, 나와는 맞지 않는 것 같다"며 떨어져 나가는 경우가 일반적이고, 그나마 주식용어와 차트분석법을 섭렵했더라도 이제 막 시작하는 단계에 불과하다. 투자에는 정석이 없기에 자신만의 투자 스타일을 찾기까지 많은 시행착오가 필요하며, 또 여기에는 손실 가능성과 시간 낭비라는 큰 리스크가 있다.

이 모든 것을 감수하고 기업을 정확하게 분석할 자신이 있는가? 오해할 수 있기에 미리 말하지만 개별 주식투자에도 분명히 장점이 있다. 기업발굴에 재능이 있는 사람이라면 제2의 테슬라, 아마존, 애플을 찾게 될 수도 있다. 게다가 개별 주식투자는 그 회사의 일원이 된 소속감을 갖고 투자할 수 있다는 점에서 더욱 애착이 간다. 하지만 우리 삶의 모든 영역에 있어 가장 핵심은 확률적으로 시간 대비 높은 효율을 내는 방법을 찾아내는 것이다.

만약 당신이 지금 개별 주식투자를 통해 안정적인 수익률을 내고 있다면 이 책은 덮고 그 스타일을 고수해도 좋다. 그러나 만약 투자를 시작하고 나서 2~5년 동안 연평균 수익률이 시장 평균에도 미치지 못한다면, 연 10%도 채 되지 않는다면 투자방법을 과감하게 바꿀 필요가 있다.

주식은 위험하다는 편견

믿기 어렵겠지만, 주식시장은 당신이 생각하는 것만큼 위험하지 않다. 주식시장이 그 어떠한 자산보다도 가장 꾸준한 수익률을 보여주었다는 사실은 이미 역사적 사실을 통해 증명되었다 (채권, 금, 현금, 물가상승률을 모두 고려해도).

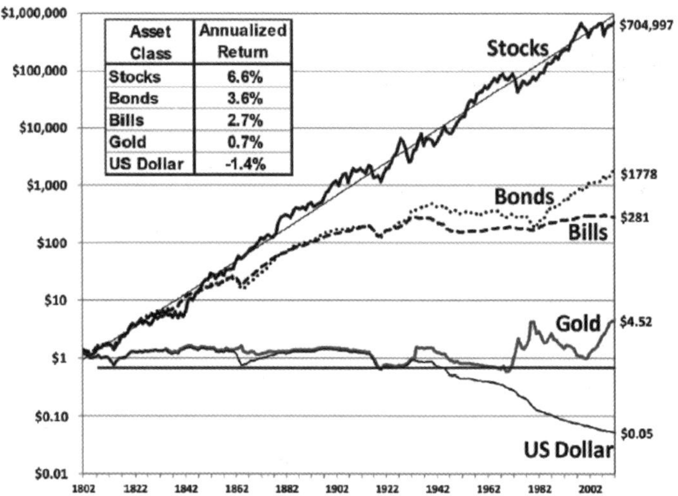

주식은 단기적으로는 큰 변동성으로 수익과 손실 사이를 오가지만 주식시장에 장기투자 할 경우 손실과 변동성은 0에 가깝게 수렴한다. 만약 당신이 주식시장에 20년 이상 투자를 한다면 손실이 0%라는 의미다.

이해하기 쉽게 비유를 들겠다. 몸이 겨우 들어갈 만한 크기의 욕조 안에 물을 채워 넣고 그 안에 들어가 물장구를 친다고 상상해 보자. 욕조 밖으로 물이 마구 튀거나 넘쳐흐를 것이다. 하지만 욕조의 크기가 점점 더 커진다면? 물장구를 쳐도 욕조 밖으로 튀거나 넘쳐흐르는 물의 양은 점점 더 줄어든다.

> 욕조의 크기 = 복리로 인해 누적된 수익률
>
> 욕조 안에서 물장구를 치는 행위 = 주가의 변동성
>
> 이로 인해 넘치는 물 = 변동으로 인한 손실

주식투자도 이와 같다. 매년 복리로 인해 쌓인 수익률이 높아지면 높아질수록 주가의 변동에도 쉽게 무너지지 않는다. 주식시장은 과거부터 현재까지 배당을 포함하여 연평균 10%의 수익률을 보여왔다.

그림 3 일간, 월간, 분기 보유

	횟수			비율(%)	
	플러스	마이너스	전체	플러스	마이너스
일간*	11,375	10,098	21,473	53.0	47.0
월간	635	385	21,473	62.3	37.7
분기	230	110	340	67.6	32.4
연간	61	24	85	71.8	28.2
1년 보유(월간)	736	273	1,009	72.9	27.1
5년 보유(월간)	835	126	961	86.9	13.1
10년 보유(월간)	847	54	901	94.0	6.0
20년 보유(월간)	781	0	781	100.0	0.0
25년 보유(월간)	721	0	721	100.0	0.0

*일간 수익률은 1928년부터   출처: GFD, S&P500

〈그림 3〉은 일간, 월간, 분기, 연간, 1년 보유, 5년 보유, 10년 보유, 20년 보유, 25년 보유했을 시 나타는 수익률에 대한 표이다. 이 표를 통해 일간으로 등락을 따질 경우, 플러스인 경우와 마이너스인 경우가 50대 50의 확률이라는 사실을 확인할 수 있다. 동전 던지기 수준의 확률로 주식의 수익률이 날마다 등락이 반복된다는 뜻이다.

그런데 월간으로 넘어가면 (−) 인 횟수가 (+) 의 절반 수준으로 줄게 되며 분기, 연간, 1년, 10년 보유할수록 (−) 횟수가 점점 줄어드는 현상을 확인할 수 있다. 우리가 집중해야 할 부분은 바로 20년과 25년 보유했을 때 (−)일 확률이 거의 0%라는 부분이다. 쉽게 말해서 주식을 최소 20년 이상 보유했다면 어떤 경우에도 마이너스 수익률이 난 적이 단 한 번도 없었다는 말이다.

그렇다면 유독 한국시장에서 '주식투자 = 위험한 것'이라는 편견이 생긴 이유는 무엇일까? 자신을 투자자라고 자처하는 대다수의 투자자가 투자가 아닌 투기를 해왔기 때문이다.

나는 투자자일까, 투기꾼일까?

당신은 투자를 하고 있는가, 투기를 하고 있는가? 아마 대부분 '투자'라고 대답할 것이다. 2020년은 코로나19의 영향으로 증시가 대폭락했고, 이후 크게 오르면서 주식시장에 대한 2030의 관심이 그 어느 때보다도 뜨겁게 타올랐다. 과거 주식투자는 소수만의 영역이었던 데 비해 최근에는 엘리베이터, 카페, 식당 어느 곳을 가도 주식 관련 대화를 쉽게 들을 수 있다.

당신이 처음 주식을 시작한다고 선언했을 때 주변 반응은 어떠했는가? 내가 6년 전 20대 중반 처음 주식투자를 시작했을 때 친구들은 하나 같이 "그거 위험한 거 아니냐?"며 우려를 표했고 부모님은 주식했다가 패가망신한 친척의 사례를 들며 "이유 불문하고 절대 안 된다"며 단단히 못을 박으셨다.

'주식' 하면 떠오르는 단어는 무엇이고, 연상되는 이미지는 어떠한가? 아마 대부분은 도박, 사기꾼, 패가망신, 한강과 같은 부정적인 단어와 이미지들일 것이다. 냉정하게 따졌을 때 주식으로 떼부자된 사람은 소수이고, 단기투자로 하루 평균 20%의 수익률을 얻는 사람은 더욱 극소수다.

나는 주식투자에 입문했을 때 장기투자를 하겠노라 다짐하며 워런 버핏의 철학을 닮아가고자 했다. 하지만 단타의 유혹 앞에서, 그 결심은 1년도 채 되지 않아 흔들리기 시작했다. 단기투자 매매기법을 찾아보고 차트에 그림을 그려보기도 하며 투자한 종목이 반짝 오르면 그것이 내 실력이라고 착각했다. 하루종일 주가창을 들여다보며 매수, 매도 타이밍을 잡아보기도 했다. 심지어 베테랑 투자 고수들도 주저한다는 선물투자에도 겁 없이 호기심이 생겨 선물매매로 월 천 만원 수익을 내보겠다고 당차게 여기저기 선언하기도 했다.

하지만 단타의 짜릿함은 오래 가지 못했다. 기간이 쌓여갈수록 수익률은 처참해졌고 정신을 차리고 보니 600만원이라는 돈은 단 며칠 만에 공중분해되어 사라지고 없었다. 나는 투자가 아닌 투기를 했던 것이다. 투자와 투기에는 여러 차이가 있지만, 내가 생각하는 가장 핵심적인 차이는 바로 '기간'에 있다.

당신이 이제 막 아주 작은 규모의 회사를 설립했다고 가정하자. 어느 날 누군가가 당신에게 10억을 투자할 테니 회사를 열심히 성장시켜보라고 한다. 그런데 다음 날, 투자자는 아직도 회사를 성장시키지 못했냐고 으름장을 놓으며 10억을 당장 돌려달라고 한다. 그러면 누구라도 이런 볼멘소리를 할 수밖에 없다.

"이 xx가 나랑 장난하나?"

아니, 이보다 심한 욕이 나올 수도 있다. 인간을 포함한 모든 동물, 하물며 식물이 성장하는 데도 일정 기간이 필요하다. 당신이 투자하는 기업도 마찬가지다. 그 기업에 '투기'하지 않고 '투자'했다면, 그 기업의 성장을 기다리는 일이 고통스럽거나 불안하지 않을 것이다. 성장에 대한 믿음과 확신이 전제되어 있기 때문이다.

그런데 만약 당신이 투자한 기업의 주가가 오르락내리락할 때마다 불안하고 초조하다면, 조금이라도 손실이 '덜'하기만 신경 쓰며 매도 타이밍만 기다린다면, 투자가 아닌 '투기'를 하는 것이다.

테슬라라는 기업을 열심히 분석한 결과 성장가치가 있다고 판단하여 그 기업에 투자했다면, 왜 테슬라가 제대로 성장할 때까지 기다리지 못하는가?

만약 당신이 테슬라에 투자하여 한두 달 만에 수익 혹은 손실이 났다면 그것은 그 기업의 성장 또는 가치 저하로 인한 손익이라기보다는 단순히 투자자들의 매수, 매도로 인한 시세변동 차익에 가깝다.

그림 4 **실제 가치와 주식의 움직임**

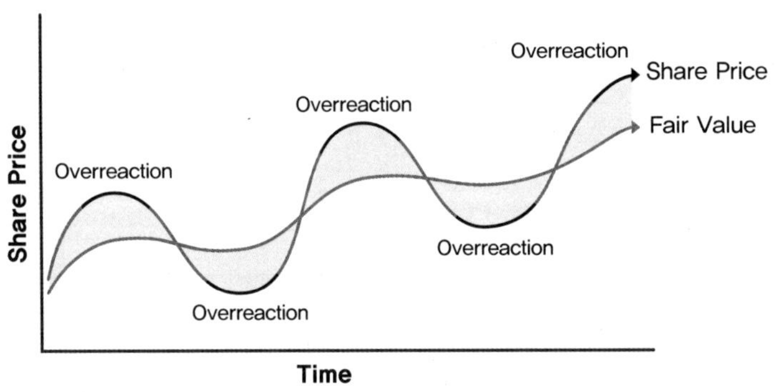

결국 투자란 그 기업의 성장가치를 믿고, 그 기업이 혁신을 이루어내기까지 기다리는 과정이다. 반면 투기란 기업의 장기적인 성장과는 별개로 시세변동의 오르내림에 배팅하여 차익을 얻는 것을 목적으로 하는 행위를 뜻한다. 혹시 내가 투기를 하면서 투자한다고 착각하고 있지는 않은지, 투기를 해 좋지 않은 결과를 얻고 나서 엄한 주식시장을 탓하는 것은 아닌지 냉정하게 판단하자.

투기가 무조건 나쁘다는 말은 아니다. 투기로 돈을 잘 버는 사람들도 있다. 타고난 선수들이다. 그러나 안타깝게도 우리 대다수는 투기에는 재능이 없다. 현명한 투자자라면 그 사실을 빠르게 인정하고 투기꾼이 아닌 일반 투자자들이 가장 높은 확률로 성공할 수 있는, 나에게 잘 맞는 투자법을 선택해야 한다.

우리는 개인투자자다. 미디어는 항상 개인투자자를 기관이나 외국인들의 먹잇감으로 표현한다. 개인투자자는 시장에서 약자이기만 할까? 결론부터 말하자면 그렇지 않다. 개인투자자들은 시간이라는 강력한 무기를 가지고 있다. 실제로 2009년 3월 세계증시가 폭락한 시기에 끝까지 시장에 살아남아서 높은 수익을 본 이들은 다름 아닌 개인투자자들이었다. 오히려 당시 폭락으로 다수의 펀드매니저와 투자전문가들은 자취를 감추었다.

왜일까? 바로 심리적인 부분과 시간적인 제약 때문이다. 고객의 돈을 받아 운용해야 하는 펀드매니저들은 끝까지 버텨 큰 성공을 거두기보다는 일부 실패하더라도 더 큰 리스크를 방지해 무능해 보이지 않는 편을 더 선호한다. 유능한 펀드매니저라도 주변의 간섭 때문에 종목 선정에서 자유롭지 못하고 기간별 성과 때문에 시간적 압박에 시달릴 수밖에 없다.

반면 개인투자자는 시간이 곧 무기다. 여유자금으로 투자했다면 외부 변수나 시장의 요동에 상대적으로 개의치 않고 본인만의 투자원칙을 고수하며 계속해서 마음 편히 투자를 유지할 수 있다. 그렇다면 이런 강점을 가지고 있는데도 수많은 개인투자자들이 실패하는 이유는 무엇일까?

욕심 때문이다. 벼락부자가 되고 싶은 욕망에 투기 열풍 속으로 돈을 갖다 바치려는 유혹을 참지 못한다. 개인투자자들은 투기의 유혹에 빠지기 쉽다. 우리가 역사를 배우는 주목적은, 과거의 사실을 통해 현재를 더 잘 이해하기 위해서다. 지금부터 광기에 가까운 투기 역사를 간단히 알고 넘어가자.

17세기 초 네덜란드 튤립 구근 열풍

튤립 광기는 역사상 가장 거대한 투기 열풍 중 하나였다. 17세기 초, 한 식물학 교수가 돈을 벌기 위해서 오스트리아 빈에 있던 터키 원산지의 특수작물을 네덜란드로 가지고 온다. 그러다 어느 날 밤, 교수의 집에 도둑이 드는데 이 도둑은 교수의 집에서 특수작물 중 튤립 구근을 훔쳐가서는 상인들에게 헐값에 팔 아버린다. 그렇게 약 십여 년 후에, 튤립은 네덜란드 사회에 널리 퍼지게 된다.

어느 날 튤립이 모자이크라는 이름의 바이러스에 감염되는데 이 감염된 튤립이 투기 열풍을 불러일으킨다. 아름다운 튤립의 모습에 수많은 사람들이 튤립을 원하게 되었고, 튤립 구근 가격은 가파르게 상승해 곧 정점에 이른다. 그러자 사람들은 조금씩 튤립 구근을 팔기 시작하고, 급기야 구근을 판매하는 사람이 점점 많아지면서 튤립 구근의 가격하락에 가속도가 붙고 결국 튤립 구근은 양파보다 못한 가격까지 폭락해 버린다.

1720년 영국이 뒤흔든 남해회사 거품 사건

남해회사는 영국이 남미와 무역하는 데 있어서 전권을 부여받은 기업이었다. 그러나 남해회사는 당시 영국 정부가 가지고 있는 심각한 재정문제를 해결하고 부실채권을 정리하려는 목적이 더 컸다. 남해회사는 노예무역으로 돈을 벌어보려 했으나 실패하고 오히려 빚만 졌다.

그러나 후에 복권형식의 채권발행으로 대박이 나자 공기업

타이틀을 앞세워 일반인들에게까지 주식공개를 하면서 무리하게 주가를 올려잡는다. 하지만 비싼 주가에도 남해회사는 고공행진하여 사람들은 엄청난 수익률을 얻었다. 그 후에도 각종 호재성 루머에 사람들은 열광하고 더욱더 몰렸으며 결국 주가는 거품의 정점을 찍었다. 그러자 정부 관료들이 앞장서서 남해회사의 주식을 팔아치웠고 그 결과 주가는 대폭락을 피하지 못했다.

유명인사들 또한 이 사건으로 인해 피해를 보았는데 천재 과학자 아이작 뉴턴은 아예 빈털터리가 되어 이런 말을 남겼다. "나는 천체의 움직임을 계산할 수는 있어도 인간의 광기는 측정할 수가 없었다." 쉽게 말해 정부가 일반인들을 상대로 사기를 친 것이다. 당시 이 사실을 누가 알 수 있었을까? 이 사건 이후로 '거품경제'라는 말이 탄생한다.

전문가, 믿어도 될까?

유튜브 덕분에 우리는 분야별 전문가들을 온라인으로 쉽게 만나볼 수 있다. 온라인 1:1 클래스 플랫폼이 활성화되면서 이제는 무언가를 배우기 위해 멀리까지 갈 필요가 없어졌다. 그럼 주식투자전문가들의 전략을 따르기만 하면 우리도 주식투자에 성공할 수 있을까?

전문가란 기술, 예술, 기타 특정 직역에 정통한 전문적인 지식과 능력이 있는 사람이다. 공예전문가, 사진전문가(포토그래퍼)와 주식전문가의 가장 큰 차이점은 무엇일까? 공예나 사진은 그 행위 자체가 추상적이지 않고 구체적이다. 그들은 가시적인 결과물을 만들어낼 수 있고 문제가 발생했을 때 즉각적인 대응이 가능하다. 도구를 직접 다루기 때문이다.

반면 주식전문가들은 구체적이기보다는 추상적이다. 주식시장은 노력을 통해 쉬이 다룰 수 있는 도구가 아니기 때문이다. 주식시장 안에서는 너무나 많은 변수들이 서로 영향을 미치고 있고 특히 대중의 심리적 영향이 가장 크기 때문에 애초에 예측 자체가 불가능한 영역이다. 이런 이유로 주식투자 전문가들은 자신의 견해를 "이럴 가능성이 있다" 정도로 선을 그을 수밖에 없다. 자칫 확신에 차 자기 견해를 이야기했는데, 정반대의 결과가 나오면 사기꾼이라는 질타를 받을 수 있기 때문이다. 그래서 대다수의 주식고수, 경제전문가들의 영상을 보면 결론이 다소 두루뭉술하게 느껴진다.

6년 전 내가 단타, 선물거래를 시작하게 된 계기는 이랬다. 여느 때처럼 투자대가들의 서적을 읽으며 공부하던 중, 잘 모르는 투자용어를 검색하다가 우연히 주식투자 전문가라는 한 사람을 보게 됐다. 주식시장을 자기 맘대로 가지고 노는 듯했던 그는 언제나 확신에 찬 목소리로 이야기했고, 누가 봐도 산전수전 다 겪은 고수 중의 고수였다.

처음에는 경계심과 의구심을 가졌지만 확신에 찬 그 모습에 나는 어느새 매료되었다. 그의 투자전략만 배운다면 나도 주식 고수가 될 수 있을 것만 같은 착각에 빠졌다. 그는 영상을 찍을 때마다 매수지점을 짚어주겠다며 주가 차트를 열어 알려줄 듯 말 듯 밀당하며 시청자들을 희망고문했다. 결국 그의 뉘앙스는 '어느 한 지점'에서 매수하라는 뜻이었는데 재밌는 건 그의 모든 발언은 어디까지나 '뉘앙스'였다는 사실이다. 사라는 건지 말라는 건지 늘 모호한 결론을 낸 채 방송을 마무리했다.

다음 날 그가 짚어준 종목은 폭등했고 사람들은 그를 '한반도의 현인'이라며 추켜세웠다. 이후에도 그는 그 종목을 두어 번 추가 매수하라는 뉘앙스를 풍겼고 운 좋게도 그 종목들은 또다시 폭등했다. 당시 해당 커뮤니티 안에서 거의 신처럼 추앙받았다. 그러나 얼마 지나지 않아 그 종목들이 폭락하기 시작했다. 그는 일시적인 폭락이니 동요하지 말라며 추종자들을 안심시켰다.

일부 추종자들이 의문을 품자 그는 차트를 띄우며 "이건 이렇게 해서 이렇게 되고 저건 저렇게 해서 저렇게 된다니까, 내가 몇 번을 더 말해야 돼? 공부를 해요, 공부를!" 하며 되레 꾸짖었다. 그리고는 "이거 조만간 이 지점까지 갈 거니까 두고 보세요. 아직 큰 세력이 뒤에 남아있다니까!"라며 '존버'를 외쳤다.

그 종목은 어떻게 됐을까? 5년이 지난 현재 이제 막 당시의 가격으로 복귀했다. 과연 그 전문가의 '조만간'이 5년 후였을까? 그렇다면 나도 이렇게 말하겠다. "당신, 지금 애플, 테슬라, 아마존 매수하세요. 조금만 버티면 (50년 뒤 쯤) 이거 엄청 오른다니까?"

월가의 영웅 피터 린치는 말한다. "금리변동을 3번 맞춘다면 엄청난 부자가 될 것이다. 재미있는 것은 FED(금리를 결정하는 미국의 중앙은행)도 금리의 미래를 모른다는 사실이다"

만약 현재 당신이 믿는 전문가가 매우 정확하고 구체적으로 매매 포인트를 짚어준다면 그를 경계하는 것이 좋다. 당장 운이 좋아 수익을 낼 수는 있어도 큰 손실이 발생할 경우 전문가도, 어느 누구도 책임져주지 않는다. 만약 그의 지침대로 종목을 매수해서 손해가 났고 당신이 그들에게 의문을 품고 따지려고 든다면 그들은 공부나 더 하고 오라며 오히려 꾸짖을 것이다.

반면 진짜 전문가라면 자신의 수익률이 뛰어나든 아니든 늘 자신이 틀릴 수 있다는 사실을 염두에 두고 조심스럽게 말할 테고, 당신을 꾸짖는 대신 어떤 의견이든 주고받으려고 할 것이다. 그는 명확한 정답을 제시하지는 않지만 당신 스스로 생각하고 고민하게 만들 것이다.

무엇보다도 중요한 것은, 당신은 진짜 전문가를 찾아 헤맬 필

  요즘 투자

요도, 가짜든 진짜든 그런 투자전문가에게 의지할 필요도 없다
는 사실이다. 투자 현인들의 가치를 모토 삼아 스스로 투자 철학
을 만든다면 자칭 주식투자 전문가들 못지않게, 오히려 그들 이
상으로 좋은 수익을 낼 수 있다.

"전문가는 자신이 아는 게 그리 많지 않다고 말하고
사기꾼들은 반대로 모든 것을 알거나
자신이 모든 것을 알고 있다고 착각한다."

라피 레츠터

전문가 vs 원숭이

2000년 월스트리트 저널은 원숭이와 투자전문가의 수익률 게임이라는 실험을 진행했다. 원숭이가 무작위로 던진 다트에 미리 적어 놓은 종목과 전문가들이 선정한 종목의 수익을 비교하는 방식이었다(사람의 눈을 가리고 다트를 던지는 것을 원숭이라 가정하고 실험함). 어떻게 됐을까? 실험 결과는 원숭이가 압도적으로 이겼다.

2000년대에는 '닷컴 버블'의 영향으로 증시 상황이 좋지 못했는데 원숭이는 −2.7%의 손실을 기록했고 투자전문가는 −13.4%의 손실을 기록했다. 침팬지와 펀드매니저, 고양이와 투자전문가, 5세 어린이와 증권전문가 등 여러 게임에서 전문가들이 줄곧 패배한 결과를 보면 이를 단순한 우연으로 치부하기는 어렵다.

2007년 워런 버핏은 헤지펀드 운용사에 10년 투자수익률 내기를 걸었다. 버핏은 S&P500지수와 같은 수익을 올릴 수 있도록 한 인덱스 펀드에, 운용사는 헤지펀드 5개 묶음에 각각 내기 판돈 32만 달러를 걸었다.

내기는 워런 버핏의 완승으로 끝이 났다. 버핏의 S&P500 인덱스펀드는 연간 7.1% 수익률을 보인 반면, 헤지펀드 운용사의 누적 수익률은 2.2%에 그쳤다. 사실 버핏에게는 어떠한 전략도 없었다. 단지 S&P500지수를 보수적으로 들고 갈 뿐이었다. 그런데도 헤지펀드 운용사가 패배한 이유는 무엇일까? 과도한 매매로 인한 수수료 낭비와 실수 때문이다. 매매 빈도가 높을수록 수익률이 줄어들고 투자실수도 많아진다는 사실을 간과한 것이다.

이 결과를 통해 얻을 수 있는 교훈은 무엇일까? 주식투자를 할 때 높은 지능과 기술은 필요하지 않으며, 전문가라고 해서 반드시 수익률이 높지는 않다는 점이다. 전문가에게 의지하려 하면 할수록 스스로 더 나은 판단, 더 나은 결정을 할 수 있는 능력을 잃어버린다.

오히려 단순한 전략을 통해
당신은 전문가를 이길 수 있다.

주가가 오르는 원리

무엇이 주식의 시세를 올리고 내릴까? 간단하다. 공급과 수요다. 주식의 공급이 수요보다 많으면 주가는 떨어지고, 수요가 공급보다 많으면 주가는 올라간다. 더 쉽게 말하면, 주가의 오르내림은 주식을 보유한 사람들이 주식을 사고 싶어 하는 사람들보다 더 조급하느냐 아니냐에 따라 달라진다. 주식을 보유한 사람들이 주식을 팔기 원하지 않고 주식을 원하는 사람들이 많아지면 주가는 올라간다.

반대로, 주식을 가지고 있는 사람들이 주식을 급하게 팔기를 원할 때 주식을 사려는 사람이 없다면 주가는 내려간다. 주식의 변동성이 큰 이유가 여기에 있다. 주가는 각종 호재와 악재에 의해 움직이지 않고, 사람의 심리에 의해 요동친다. 그래서 가끔 주식시장이 비이성적인 모습을 보이고, 모든 예측을 의미 없게 만든다.

복리를 알아야 전략을 세운다

주식투자에 대해 언급하기 전에 먼저 '복리'를 짚어 볼 필요가 있다. 사람들은 유독 이 '복리'의 개념을 어렵고 복잡한 길로 접근하려고 한다. 복리를 계산하는 방법은 아래와 같다.

> **복리 계산법**
>
> 원금＝A 이율 ＝r 기간＝n 일 때
>
> 복리법에 의한 원리합계(元利合計)
>
> S는 $S = A(1+r)^n$

아이고 머리야. 이러다간 복리 하나 때문에 투자는 다음 생으로 미루게 될 것 같다. 그냥 심플하게 알고 가자.

우리가 익히 알고 있는 저축, 투자를 통한 '복리의 마법'은 금액, 기간, 수익률, 이 세 가지 조건이 충족되어야 성립된다. '스노우볼 이펙트(Snowball-effect)'라는 말을 들어보았을 것이다. 식상하고 뻔하지만, 그래도 복리를 이해하기에 이만큼 쉽고 적절한 비유가 없다.

눈이 소복이 쌓인 겨울 언덕을 생각해 보자. 언덕 꼭대기에 올라가서 작은 눈덩이 하나를 뭉쳐 언덕 아래로 굴리는 상상을 해보라. 눈덩이는 굴러가면서 점점 커진다. 눈덩이는 구르면 구를수록 지름이 길어지기 때문에 겉에 묻어나는 눈의 양도 그와 비례해 많아진다. 이것이 복리이다. 이러한 복리의 원리는 주식시장에서도 똑같이 적용된다. '눈덩이 = 투자원금', '굴러가는 거리 = 투자기간', '눈덩이의 지름 = 투자 수익률'이라고 생각하면 쉽다.

간단한 테스트를 해보자.

만약 투자금 100만원으로 시작해서 매달 50만원을

20년 동안 S&P500지수에 투자한다면 무슨 일이 일어날까?

시작 금액 : 100만원

매달 투자 : 50만원

기간 : 20년

수익률 : 연 10% (S&P500 평균 수익률)

결과는 다음과 같다.

총 투자액 : 약 1억 2천만원

총 수익금 : 약 2억 5천만원

총 수익률 : +205%

최종 평가금 : 약 3억 7천만원

수익이 크기는 하지만 원하는 만큼 흥미로운 결과는 아니다. 서두에서 복리의 마법은 금액, 시간, 수익률이라는 3요소로 작동한다고 말했다.

그렇다면 이번에는 금액과 시간에 변화를 줘보자

시작 금액 : 100만원

매달 투자 : 100만원

기간 : 40년

수익률 : 연 10% (S&P500 평균 수익률)

총 투자액 : 약 4억 8천만원

총 수익금 : 약 51억 6천만원

총 수익률 : +1,073%

최종 평가금 : 약 56억 4천만원

매달 50만원의 금액을 더 투자하고 20년 더 장기투자를 했을 뿐인데 결과가 매우 크게 달라지는 것을 확인할 수 있다. 이렇듯 복리의 3요소는 함께 올라가면 올라갈수록 강력해진다. 이번에는 복리의 개념을 이해하기 위해 아주 단순한 문제를 내보겠다.

1주에 100만원인 A라는 주식을 매수했다고 가정해보자.

1번

첫째날 A주식으로 20% 수익을 얻었고

둘째날도 20% 수익을 얻었다.

총 수익률은 몇 %일까?

첫째날 : 100만원 × 20% = 120만원

둘째날 : 120만원 × 20% = 144만원

수익률은 40%가 아니라, 약 44%이다.

2번

첫째날 A주식으로 20% 손실을 봤고

둘째날도 20% 손실을 봤다.

총 손실률은 몇 %일까?

첫째날 : 100만원 × −20% = 80만원

둘째날 : 80만원 × −20% = 64만원

투자원금에서 36% 손실이 발생했다.

이처럼 복리는 단순히 %의 합으로 계산하는 것이 아니라 '원금+이자'의 합계액을 다음 기간의 원금으로 계산하여 이자를 지급하는 방식이다.

위 문제를 풀어보았다면 지금쯤 한 가지 의문이 들 것이다. 지금껏 은행에서 복리가 유리하다는 말만 수없이 들었는데 복리에는 '손실'도 포함될까?

물론 그렇다.

흔히 복리를 (+), 즉 수익의 개념으로만 접근하는데 엄연히 따지자면 복리는 (+)뿐만 아니라 (−)에도 똑같이 적용된다. 결국 우리가 위에서 테스트했던 복리의 마법, 효과를 누리기 위해서는 '꾸준한 수익률'이 전제되어야만 가능하다.

주식투자에 있어서 보장된 수익률이란 없다. 그러나 투자는 확률게임이다. 시장의 미래는 장담할 수 없고 감히 예측도 불가능하지만, 과거의 데이터를 바탕으로 '복리'를 활용하여 꽤 높은 확률로 성공적인 투자를 할 수 있다.

미국이라는 황금알을 낳는 거위

ETF 장기투자의 마법

국내에 투자할 것인가?
해외에 투자할 것인가?
_ 미국 주식이 세계에 끼치는 영향력

현재 주식시장에 대한 우리나라 국민의 관심도가 높아진 것은 사실이지만 다수의 사람들이 국내주식에만 머물러 있다. 국내주식의 미래 전망이 좋아서라면 모를까, 단순히 해외투자는 어렵고 복잡해 보인다는 이유로 기피한다면 스스로 우물 안에 갇힌 개구리와 다르지 않다.

세계 금융시장에서 한국은 몇 %를 차지할까? 전 세계에 K팝 열풍이 불고 있고 삼성을 보유한 한국인데 꽤 높은 비율이지 않을까? 2017년 자료 기준으로 한국이 전 세계 금융시장에서 차지하는 비중은 약 2%다.

반면 세계 1위 경제대국인 미국은 몇 %를 차지할까? 약 54%다. 2위인 일본의 비중이 겨우 7.7%인 것을 감안하면 미국이 차지하는 비중은 가히 압도적이라고 볼 수 있다.

당신이 국내주식에만 투자하고 있다면 이는 곧 당신의 투자 선택지는 전 세계 시장의 2%에 한정되어 있다는 의미다. 그래도 미국주식을 하지 않겠다면 말리지 않겠다! 하지만 몰라서 안하는 것과 알면서 하지 않는 것은 완전히 다르다. 미국주식의 장점을 알고 나면 오히려 투자하지 않을 이유를 찾기 어렵다.

미국주식에 투자해야 하는 이유

1) 세계를 장악하고 있는 미국 기업들

전 세계 시가총액 상위 10위 중 7개의 기업이 미국 기업이다. FAMANG 이라는 말을 들어본 적이 있는가? 페이스북, 아마존, 마이크로소프트, 애플, 넷플릭스, 구글의 합성어인 FAMANG은 전 세계를 장악할 만한 영향력(시장)을 가지고 있다. 당신은 지금 이 순간에도 FAMANG이 만든 제품이나 서비스를 사용할 것이다.

출근길 지하철 안에서 습관처럼 페이스북 피드를 확인하고 출근 후에는 윈도우 컴퓨터로 파워포인트, 포토샵을 사용하여 업무를 본다. 점심시간이 되면 아마존에서 직구할 제품을 찾아보고 기다리고 기다리던 퇴근 시간이 되면 아이패드를 켜 넷플릭스 신작이 나왔는지 둘러본다. 넷플릭스 시리즈를 시청하다 슬슬 배가 고파져 치킨의 유혹을 뿌리칠 수 없을 때, 유튜브에서 '밤에 치킨을 먹으면 살이 찌나요?'에 대한 콘텐츠를 찾아보거나 구글에 '치킨 다이어트'를 검색한다.

이처럼 우리는 일상에서 미국 기업의 제품과 서비스를 자주 이용한다. 그들이 만든 제품과 서비스는 타사보다 편리하고 유용하기 때문이다. 늦은 밤에도 불이 꺼지지 않는 미국의 실리콘밸리, 혁신을 위한 그들의 끊임없는 도전이 앞으로 우리의 일상을 또 어떻게 바꿔놓을까?

2) 오랜 기간 성장해온 나라

미국은 그 어느 국가보다도 오랫동안 꾸준히 성장해 왔다. 미국의 S&P500지수와 코스피만 비교해도 미국주식의 일관성 있는 성장이 어느 정도인지 가늠할 수 있다. 물론 과거의 성과가 미래를 보장해 주지는 않지만 미국이 보유한 기업들 그리고 오랫동안 이어져온 혁신의 역사가 멈추지 않는 한 미국주식에 대한 기대는 쉽게 사라지지 않을 것이다.

3) 주주친화적인 배당문화

미국의 배당주들은 오랜 기간 배당을 지급했고 배당을 중시하는 문화가 형성되어 있다. 배당 문화가 발달했다는 의미는 그만큼 기업들이 주주친화적이라고 해석할 수 있다. 미국기업의 80%는 분기마다 배당을 하고, 오랜 기간 배당금을 꾸준히 높여왔다. 미국에는 매달 배당을 하는 기업들도 많기 때문에 우리는 배당금을 제2의 월급으로 활용할 수도 있다.

우량주에 장기투자하면 성공할까?

우량주식에 장기투자를 하면 성공한다는 말을 들어본 적 있는가? 당신이 생각하는 우량기업, 우량주식은 어떤 기업, 어떤 주식인가? 주식 좀 안다는 사람에게 국내 우량주는 무엇이냐고 묻는다면 대다수가 코스피(KOSPI)에 있는 시가총액 상위 기업을 언급할 것이다. 삼성전자, 이마트, 오뚜기……

물론 좋다. 이들이 우량하다는 사실에 이의를 제기할 사람은 없다. 그렇다면 시가총액 순으로 나열된 우량주에만 장기로 투자하면 '무조건 좋은 수익'을 얻을 수 있을까? 결론부터 이야기하면, 그렇지 않다. 시가총액 순위가 주식의 우상향을 보장해 주지는 않기 때문이다. 다음은 10년 동안 우리나라 코스피(KOSPI) 시총의 변화다.

그림 5 10년 동안의 시가총액 변동

순위	2010년 1월 4일	2020년 5월 26일
	최근 10년, 코스피 시가총액 상위 기업 변화	
1	삼성전자	삼성전자
2	포스코	SK하이닉스*
3	현대차	삼성바이오로직스*
4	KB금융	네이버*
5	한국전력	삼성전자우*
6	신한지주	LG화학(화학+배터리)
7	LG전자	셀트리온*
8	현대모비스	삼성SDI*
9	LG디스플레이	카카오*
10	LG화학(화학)	LG생활건강*

*는 상위 10위권 신규 진입

출처 : 한국거래소

2010년부터 2020년, 10년이라는 세월이 흐르는 동안 3개의 종목을 제외하고 코스피 시가총액 TOP10이 전부 바뀌었다. 우리가 만약 회사의 네임 벨류와 시가총액만 보고 무턱대고 장기투자를 했다면 오늘날 실망스러운 결과로 돌아왔을 것이다.

그렇다면 어떤 우량주에 장기투자하면 좋을까? 흔히 주식투자의 대가들이 말하는 "우량주에 장기 투자하라", "무조건 존버

하라"는 말은 많은 우량주들이 서로 1등을 차지하기 위해 다투는 '경쟁'이 치열한 곳에 투자하라는 의미가 아니다.

보통 우리는 치열한 '경쟁'을 통해 1등을 하는 회사를 좋은 회사라고 생각한다. 하지만 치열한 '경쟁'을 하는 회사는 언젠가는 1위 자리를 내어줄 수밖에 없다. 특히 지금은 1등이지만, 기술적 우위가 2, 3등과 깻잎 한 장 정도의 차이에 불과하고 순위가 1~2년 사이에 자주 뒤집히는 경쟁 구도라면, 절대 이 분야의 1, 2, 3등 회사를 장기투자 대상으로 여겨서는 안 된다.

금융업계가 오늘날 카카오뱅크의 등장을 예상이라도 했을까? 2017년 혜성처럼 등장한 카카오뱅크는 간편 송금서비스에 이어 연계대출 서비스 출시로 은행권을 넘어 2금융권까지 쥐락펴락하는 거대 공룡으로 진화하고 있다. 현재 금융권은 경영 위험 요소 중 하나로 카카오뱅크를 꼽는다. 주도권을 빼앗길 위기감을 느끼는 것이다.

세계 자동차 업계는 테슬라의 부활을 예상했을까? 테슬라라는 기업이 자동차 산업과 전 사회에 미치는 영향은 실로 대단하다. 테슬라의 전기차 혁명으로 자동차 업계는 춘추전국시대가 되어버렸고 전기차 전환 계획이 없거나 도입이 늦는 기업은 훗날 도태될 것이다.

이처럼 '우량주에 장기투자'를 하려면 그 우량주가 독보적이고, 창조적인 독점기업인지를 먼저 확인해야 한다. 오랜 기간에도 경쟁사들이 따라잡을 수 없는 기술을 보유하여 경쟁에서 압도적인 우위를 점하고 있어야 한다는 이야기다. 독보적인 우위를 가진 대표적인 기업, 브랜드 네임에 걸맞게 시장을 지배하는 아마존을 예로 들어보자.

대부분의 사람들은 아마존을 단순 소매회사라고 생각한다. 하지만 아마존은 단순히 물건만 파는 기업이 아니라 영화, TV쇼 제작, 레스토랑 예약, 대출 서비스를 제공한다. 그리고 이 모든 서비스의 바탕에는 아마존만의 독보적인 기술력이 버티고 있다. 배송시간을 최소화하는 결제 예측배송, 로봇을 이용한 물류창고 자동화, 드론을 활용한 프라임 에어 등 아마존은 독보적인 기술력을 바탕으로 '완전한 물류 자동화'를 추구하고, 그것을 실제로 실현하고 있다.

월마트, 중국의 알리바바 등 아마존을 쫓는 후발주자들이 있지만 아마존이 만든 영향력과 기술적 우위는 절대 하루아침에 무너뜨릴 수 없을 것이다. 아마존과의 경쟁에서 이기기 위해서는 아마존이 가진 기술력의 20% 이상의 혁신을 해야 하는데 이는 결코 쉽지 않기 때문이다. 대부분의 경쟁에만 목메는, 서로가 서로의 아이템을 카피하고 기존의 상태에서 약간의 기능만 탑재하여 자신들의 수명을 연명하는 회사들은 혁신으로 추월하는 독점기업의 속도를 따라갈 수 없고 결국 자기들끼리 경쟁만 하다가 잊히고 만다.

그러므로 우리는, 우리가 투자하고자 하는 우량기업에 대해서 스스로 질문할 필요가 있다. 경쟁사와 비교했을 때 당신이 선택한 기업은 어느 정도의 경쟁적 우위를 가지고 있는지 말이다. 만약 이 질문에 답이 바로 나오지 않는다면 당신이 투자한 기업은 우량기업이 아닌 경쟁중독 기업일 수 있다. 내가 개별주식 장기투자에 신중을 기하는 이유는 여기에 있다.

경쟁이 치열할수록 변수도 많아지고, 서로 잠재고객들을 나눠 갖게 되어 개별 기업의 이익은 점차 줄어든다.

주식시장 전체를 사버린다면?

당신에게 소개할 투자방식은 개별기업이 아닌 시장 전체에 투자하는 방식이다. 바로 ETF다.

'ETF? 들어보기는 한 것 같은데 정확히 뭔지는 모르겠네!'

어쩜 당연한 생각이다. 국내에서 주식투자 붐이 일었지만 여전히 ETF를 모르는 사람들이 많다. ETF(Exchange Traded Fund)는 상장지수펀드의 줄임말이다. 주식과 펀드가 결합했다고 이해하면 쉬울 것이다. 과거에는 개인이 자유롭게 매매할 수 없었던 펀드의 형태가 진화한 상품이다.

주식처럼 자유롭게 매매할 수 있으면서 1주로 여러 개의 기업에 동시에 투자하는 효과는 ETF의 핵심 장점이다. 쉽게 풀어보면 ETF는 소쿠리 하나에 100개든 200개든 여러 기업을 넣어 잘 반죽한 다음 그 반죽을 잘게 잘라내는 것과 비슷하다. 그 한 조각이 개별 주식처럼 1주가 된다.

아마존, 테슬라에 투자하는 대부분의 사람들은 그 기업의 주주총회에 참석하는 것을 주목적으로 삼지 않는다. 그들의 궁극적인 목적은 투자의 성공확률을 높여 마음 편한 투자를 하면서 얻는 안정적인 수익이다. 그래서 나는 당신에게 '건초더미 속에서 바늘을 찾는 대신 건초더미 전체를 사버리는 방식'을 추천한다. 모든 주식을 개별주식이 아닌 '시장 전체에 투자하는 ETF'로 투자하는 것이다. 이렇게 되면 당신은 가장 적은 시간을 투자하고도 높은 확률로 투자에 성공할 수 있다.

만약 당신이 아마존이 어떤 사업을 하고 수익구조가 어떤지 세세하게 이해하지 못했다면? 테슬라의 주가 폭등의 이유는 무엇이며, 배터리 시장과는 어떤 연관성이 있는지, 주요 경쟁사들의 수준은 어느 정도인지 모른다면? 불확실한 확률 게임에 베팅하듯 아마존과 테슬라 중 고민고민하다가 반드시 특정 기업을 선택해야 하는, 개별주식을 살 필요는 없다.

대신 기술주 집중 ETF인 QQQ나 SPYG 혹은 더 안정적인 투자를 위한 시장전체지수인 SPY, IVV, VOO, SPLG만 사도 충분하다. 대표적인 ETF 종목을 간단하게 살펴보자.

QQQ, ARKW, ARKK, SPYG = 기기술주를 중심으로 투자하는 ETF

	QQQ	ARKW	ARKK	SPYG
운용사	인베스코	아크인베스트	아크인베스트	스테이트 스트리트 글로벌 어드바이저
투자기업 수	103	53	56	237
1주당	336달러	147달러	119달러	59달러
수수료	0.2%	0.79%	0.75%	0.04%
상장일	1999년	2014년	2014년	2000년
운영규모	$167.87B	$7.05B	$24.87B	$10.41B
일평균 거래량	$16.80B	$328.27M	$1.78B	$95.80M
배당률	0.55%	1.29%	1.71%	0.9%

SPY, IVV, VOO, SPLG = 미국의 S&P500지수에 투자하는 ETF
미국 500개의 우량기업에 투자하는 ETF (www.etf.com 참고)

	SPY	IVV	VOO	SPLG
운용사	스테이트 스트리트 글로벌 어드바이저	블랙록	뱅가드	스테이트 스트리트 글로벌 어드바이저
투자기업 수	506	506	511	506
1주당	412달러	413달러	378달러	59달러
수수료	0.09%	0.03%	0.03%	0.03%
상장일	1993년	2000년	2010년	2005년
운영규모	$365.79B	$276.01B	$219.83B	$9.80B
일평균 거래량	$30.80B	$1.54B	$1.42B	$158.64M
배당률	1.41%	1.55%	1.71%	1.51%

VTI = 미국의 모든 기업에 투자하는 ETF
VT = 전세계 기업에 투자하는 ETF

	VTI	VT
운용사	뱅가드	뱅가드
투자기업 수	3,716	9,006
1주당	213달러	59달러
수수료	0.03%	0.08%
상장일	2001년	2008년
운영규모	$238.68B	$20.40B
일평균 거래량	$890.04M	$196.51M
배당률	1.3%	1.54%

이 시대에 태어난 우리는 행운아이다. 주식시장 전체에 투자할 수 있는 인덱스펀드 ETF를 접할 수 있기 때문이다. 덕분에 복잡한 주식차트와 재무제표, 분석리포트 기사를 볼 필요가 없다. 불안해서 잠 못 자거나 의지할 대상을 찾아다닐 필요도 없다.

내가 주식투자에 쏟는 시간은 한 달에 딱 30분이다.
정말 심플하지 않은가?
그 외의 시간에는 운동을 하거나 훗날 하고자 하는
사업 아이디어를 구상하고 책을 읽는다.

인덱스 투자의 위험성은 얼마나 될까?

대표적인 S&P500 ETF를 기준으로 예를 들어보겠다. S&P500 에는 미국의 500개 우량기업이 편입되어 있다. 하지만 2021년 4월 기준, S&P500 지수에 편입된 상위 10개 기업의 시가총액 이 전체의 30%에 달해 40년 만에 최고치를 기록했다고 한다. 아 마존, 마이크로소프트, 애플, 테슬라 등 기술기업의 주가 강세로 인해 S&P500의 균형이 한쪽으로 과도하게 쏠렸다는 말이다.

쉽게 말해 당신이 100만원을 S&P500에 투자하면 약 30만원 이 기술주에 투자된다는 말이다. 이렇게 되면 기술기업의 성과 가 좋은 만큼 당연히 수익 폭이 커질 수밖에 없다. 그러나 모든 현상에는 양면이 존재하는 법, 상승 폭이 크다면 하락 폭도 클 수 있다. 그러므로 기술주 기업들이 휘청이면 S&P500지수도 민감하게 반응한다.

호들갑은 공포심만 불러일으킬 뿐이다. 침착하게 주식시장의 역사를 들여다보자. 1980년 이후 S&P500지수 상위 10대 종목의 비중이 가장 높았던 경우는 1980년 25.5%였고, 가장 낮은 경우는 2014년 17.5%였다. 1980년보다 4.5% 높은 수준이다. S&P500지수 상위기업 비중 쏠림문제는 과거부터 현재까지 계속 제기되어 왔다. 그러나 테슬라 편입과 코로나19 폭락장 이후 이어진 주식시장의 강세장을 감안했을 때 이는 과도하게 우려할 정도는 아니다.

그리고 앞서 언급했듯 주식시장은 예부터 일부 엘리트 소수 종목이 주도해왔다. 시대나 기술 발전에 따라 주식시장을 주도하는 섹터나 상위 종목이 끊임없이 바뀌었을 뿐이다. 다음 그림은 1990년 시가총액 상위 10위권 기업으로, 현재는 대부분 10위권 밖으로 밀려나고 말았다. 현재는 기술주들이 상위권을 석권하고 있다.

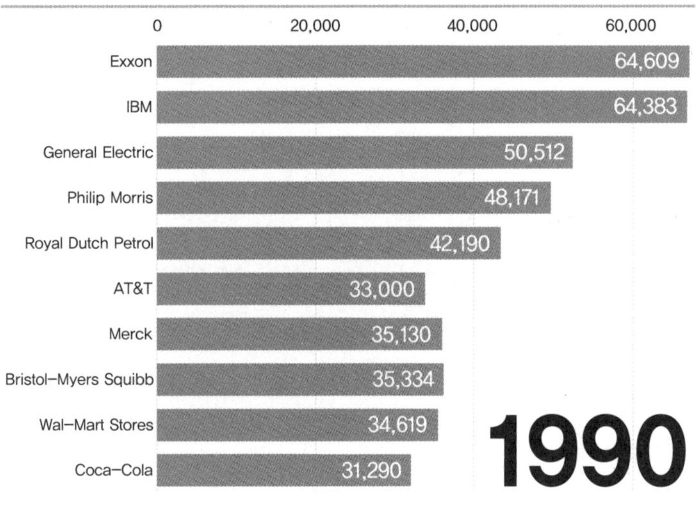

이처럼 개별 기업에 투자하면 미래가 불투명해질 수 있으나 ETF라면 말이 달라진다. 즉, S&P500지수에 투자하면 기업들의 승자 독식 현상 자체를 우리 편으로 만들 수 있고, 그 과정에서 수많은 기업이 발전과 퇴보를 하더라도 리스크를 최소화할 수 있다. 2021년 현재 시장을 주도하고 있는 기업들도 언젠가는 퇴보할 수 있다. 또 다른 유니콘 기업이 혜성처럼 등장하여 시장을 이끌어 나갈 것이다. 주식시장은 이런 곳이다. 스타의 탄생과 몰락이 반복된다. ETF 투자는 탄생과 몰락의 과정에서 일어나는 개별기업의 위험을 피해가고 끝없이 덩치를 키워가는 미국시장의 열매를 취할 수 있다.

그래서 인덱스 투자자들에게 엘리트 소수 기업들의 상위 비중 쏠림은 큰 걱정거리가 아니다. 우리가 집중해야 할 포인트는 위험에 대처하는 자세와 시장을 장기적으로 바라보기 위한 노력이다. 투자에는 정답이 없다. 안전한 투자도 없다. 모든 투자에는 잠재적인 위험이 존재한다. 우리가 할 수 있는 최선은 무리한 투자를 지양하고 계획적으로 장기투자하는 것이다.

*그래도 걱정이 된다면 S&P500기업에 동일가중으로 투자하는 ETF에 투자하거나(RSP ETF) S&P500에 투자하면서 다른 분야에 투자하는 ETF 종목을 사면 된다. 더 구체적인 전략은 이후 소개할 '포트폴리오 구성하기' 편을 참고하기 바란다.

시장의 폭락에 대처하는 방법

2020년 3월, 코로나19 바이러스가 전 세계를 덮치며 글로벌 금융시장이 폭락했다. '안전자산'이라는 금, 국채마저 투매를 견디지 못하고 시장은 공황상태에 빠졌다. 이로써 12년 동안의 강세장은 막을 내리고 2020년 3월은 종류에 상관없이 모든 투자자에게 최악의 달이 되었다.

팬데믹이 선포되었고 그 영향으로 주가는 고점에서 무려 30%나 떨어졌다. 모든 미디어는 다투어 코로나19에 관한 기사를 쏟아냈고, 일부 비관론자들은 "불안한 전망과 뉴노멀의 시대가 도래했다며 이제는 시장을 나가야 할 때"라고 말하며 공포를 가중했다.

이에 많은 투자자들은 막대한 손해를 감수하면서도 어쩔 수 없이 서둘러 시장을 빠져나갔다. 일부 '존버' 정신으로 무장한 투자자들은 시장에 남았지만 불안한 마음에 매일 밤을 뜬눈으로 지샜다. 코로나 바이러스는 분명 치명적이었다. 특히 전염성이 너무 강해서 많은 사람들이 속수무책으로 감염됐다.

그러나 지난 인류의 역사를 돌아봤을 때 이런 위기는 항상 있었다.

- 1350년 흑사병
- 1929년 경제 대공황
- 베트남전쟁
- 1, 2차 세계대전
- 남북전쟁
- 9.11테러

이 밖에도 인류의 역사에는 수많은 사건 사고가 있었고 앞으로도 늘 있을 것이다. 그러나 분명한 사실은 인류 또한 결코 쉽게 무너지지 않는다. 그리고 주식시장도 마찬가지다.

'화이트 아웃'이라는 현상을 알고 있는가? 눈이나 모래 따위로 인해 시야가 심하게 제한되는 날씨 상황을 뜻한다. 화이트 아웃이 발생하면 공간감이 사라지고 시야를 잃게 되어 곧 두려움이 몰려온다. 나는 주식의 폭락을 '화이트 아웃'에 비유하고 싶다.

주식을 매수한다는 것은 그 기업의 일부가 되겠다는 것, 그 기업의 사업을 사는 것이다. 하지만 막상 시장에 공포가 닥쳤을 때, 대다수의 투자자들은 근시안적인 시각으로 시장을 바라보게 된다. 인터넷에 떠도는 현 주식시장에 대한 갑론을박의 반응에 불안해하고 미디어의 자극적인 헤드라인에 현혹되어 매수와 매도 사이에서 갈피를 잡지 못한다. 마치 화이트 아웃에 갇힌 사람들처럼 말이다.

그러나 만약 주식시장의 역사를 공부해서 넓은 시야로 시장을 바라볼 수 있다면 화이트 아웃이 발생해도 침착하게 대응할 수 있다. 보통 주식시장이 고점에서 약 20% 떨어지면 베어마켓에 진입했다고 표현한다(반대는 불마켓이다).

그림 7 약세장 급락 사례

Peak	Trough	Drawdown	Months	Years
1929/07/09	1932/06/01	−86.2%	159	13.3
1932/07/09	1933/02/27	−40.6%	3	0.3
1933/07/18	1933/10/21	−29.8%	22	1.8
1934/02/06	1935/03/14	−31.8%	6	0.5
1937/03/06	1938/03/31	−54.5%	77	6.4
1938/11/09	1939/04/08	−26.2%	46	3.8
1939/10/25	1940/06/10	−31.9%	32	2.7
1940/11/09	1942/04/28	−34.5%	10	0.8

1946/05/29	1946/10/09	−26.6%	36	3.0
1948/06/15	1949/06/13	−20.6%	6	0.5
1957/07/15	1957/10/22	−20.7%	10	0.8
1961/12/12	1962/06/26	−28.0%	11	0.9
1966/02/09	1966/10/03	−22.2%	6	0.5
1968/11/29	1970/05/26	−36.1%	20	1.7
1973/01/11	1974/10/03	−48.2%	46	3.8
1976/09/21	1978/03/06	−19.4%	13	1.1
1980/11/28	1982/08/12	−27.1%	3	0.3
1987/08/25	1982/08/12	−33.5%	17	1.4
1990/07/16	1990/10/11	−19.9%	4	0.3
1998/07/17	1998/08/31	−19.3%	3	0.2
2000/03/24	2022/10/09	−49.1%	48	4.0
2007/10/09	2009/03/09	−56.8%	37	3.1
2011/04/29	2011/10/03	−19.4%	4	0.3
2018/09/20	2018/12/24	−19.8%	4	0.3

앞의 표에 따르면, 미국의 S&P500지수가 역사적으로 40% 이상 급락한 약세장은 총 6차례다.

- 1929년 대공황
- 1933년 대공황 영향2
- 1937년 경기침체
- 1973년 1차 오일쇼크
- 2000년 닷컴 버블
- 2008년 서브프라임 금융위기

S&P500의 역사가 70년임을 감안하면 생각보다 적은 횟수라고 느낄 수 있다. 흥미로운 사실은 2020년 코로나 폭락은 역대 폭락순위 중 다섯 손가락에도 꼽히지 못한다는 점이다.

주식시장은 1929년부터 2021년 현재까지 총 25차례의 약세장을 겪었다. 표를 자세히 보면 약세장의 하락 폭은 평균 33.4%이고, 약 3년 6개월마다 발생했다는 점을 알 수 있다.

가장 중요한 점은 약세장 이후 주식시장은 계속 사상 최고치를 찍었고 주식시장은 아래(약세장)보다 위(강세장)로 더 많이 향했다는 사실이다.

이러한 사실을 바탕으로 약세장의 하락 폭에 따라서 어느 정도의 금액을 투자해야 할지 참고할 수 있다. 물론 1929년 경제 대공황 때처럼 −86.2%라는 폭락과 13년 3개월 동안의 약세장이 반복된다면 버티기 어려울 수 있다. 그렇지만 우리가 투자와 투자대기금의 비중을 적절히 유지해서 폭락에도 대응할 수 있는 전략을 잘 가지고 있다면 오히려 폭락을 역이용해 높은 수익률을 얻을 수 있을 것이다.

코로나19 폭락장 당시 투자를 망설였다면
당신은 3년 6개월마다 찾아오는
세일 기간을 놓친 셈이나 다름없다.
하지만 괜찮다.
지금이라도 주식시장의 역사적 패턴을 이해하고
다시 기회가 오면 그때는 용기 있게 잡으면 된다.

장단기 금리차, 경기선행지수

"이전에는 영양부족이 문제였지만 지금은 비만이 문제입니다. 마찬가지로 이전에는 정보 부족이 문제였지만 지금은 과다한 정보가 문제입니다."

_할 배리언

오늘날은 정보 과잉의 시대이다. 요즘은 오히려 불필요한 정보들을 제거하고 몇 가지 신뢰할 만한 정보들에만 귀를 기울이는 편이 더 낫다. 예전에는 구하기 어려웠던 디테일한 정보들은 이제 스마트폰으로 구글링(Googling, 구글로 검색하기)만 해도 손

쉽게 찾을 수 있게 되었다.

주식투자도 마찬가지다. 각종 사업보고서, 통계자료, 투자 및 경제지표, 애널리스트의 수많은 리포트와 투자의견들은 간단히 구글링만 해도 손쉽게 얻을 수 있다. 그뿐 아니라 유튜브를 통해 투자전문가들의 주관적인 투자의견을 쉽게 접할 수 있다. 그렇다면 정보의 공급이 많아진 만큼 우리의 투자 성과는 좀 나아졌을까?

안타깝지만 그렇지 않다. 수익률이 오르기는커녕 전문가들의 다양한 의견들에 오히려 양몰이 당하듯 주식을 사고파는 횟수만 늘어났을 뿐이다. 그로 인해 일반 투자자들은 증권사에 내야 할 수수료만 많아졌다. 다시 말해 이제는 정보가 없어서 문제가 아니라 정보가 너무나 많아서 문제가 생기고 있다.

하지만 모든 정보가 불필요하다는 이야기는 아니다. 그중 몇 가지 신뢰할 만한 거시적인 관점의 객관적인 지표에 귀를 기울여야 한다. 나는 한 달에 고작 30분 정도만 주식투자에 시간을 쏟는다. 매월 혹은 분기마다 두 가지의 지표만 확인한다. 장단기 금리 차와 경기선행지수이다.

장단기 금리 차

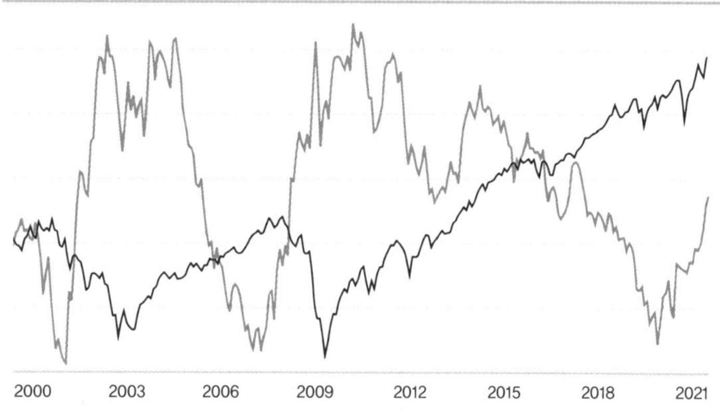

역대 미국 장단기 국채금리 역전에서 경기침체까지 걸린 시간 (단위 : 일)

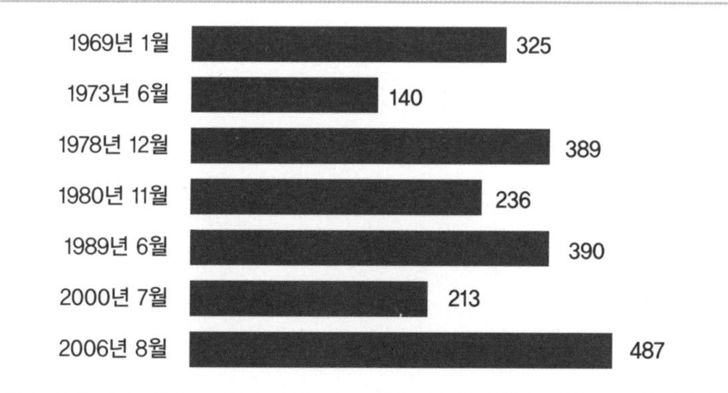

요즘 투자

장단기 금리 차를 설명하기 앞서 우선 채권을 이해해야 한다. 채권은 국가나 기관, 기업이 사업에 필요한 자금을 마련하기 위해 발행하는 일종의 차용증서다. 채권의 종류는 상환기간에 따라 단기채, 중기채, 장기채로 나뉜다. 단순하게 설명하면 누군가에게 돈을 빌려줄 때 10년 동안 빌려줄지, 3년 동안 빌려줄지, 3개월 동안 빌려줄지를 생각하면 쉽게 이해할 수 있다.

빌려준 돈이 더 오래 묶여 있다면 당연히 그만큼 이자를 더 받아야 하고, 반대로 금방 돌려받을 수 있다면 이자를 적게 적용할 수 있다.

그렇다면 '장단기 금리 차 역전'은 무엇을 의미할까? 그전에, 우선 안전자산에는 무엇이 있을까? 대표적인 안전자산에는 금, 미달러 그리고 미국 채권이 있다(미국 채권 중에서 10년물 미국 장기채가 기준이 된다). 미국달러, 미국채권을 안전자산으로 평가하는 이유는 세계 1위 강대국이라는 믿음 때문이다.

사람들은 세계 경기상황이 나빠지면 자연스럽게 안전자산에 투자한다. 그런데 만약 미국채권에 너도나도 몰리면 어떤 일이 일어날까? 예를 들어 (편의상 10년 장기채라고 하겠다) 10년 장기채가 100달러에 금리이자가 2%라고 하자. 수많은 사람들이 경기침체가 두려워서 10년 장기채를 사려고 모여들면 100달러의 채권은 넘치는 수요로 인해서 금세 110달러가 되어버린다. 그렇게 되면 금리이자는 채권가격 상승에 의해 2% 비율에서 1%대로 떨어진다. 그런데도 10년 장기채를 사려는 사람이 계속 늘어난다면 어떤 일이 일어날까? 그렇다. 10년 장기채 금리는 점점 더 낮아진다.

서두에서 본래 단기채는 돈을 빌려간 기간이 짧기 때문에 상대적으로 이자가 적고, 반면 장기채는 빌려간 기간이 길기 때문에 이자가 높다고 했다. 그런데 장기채에 대한 수요 폭발로 인해 장기채 금리가 3개월 단기채 금리보다 낮아지면 장기채와 단기채의 금리 차이는 역전되고 만다.

이와 같은 '장단기 금리 차이 역전'은 무엇을 의미할까? 10년 후 미국 경기를 비관적으로 예측하는 투자자가 그만큼 많아졌다는 말이다. 그 결과 시중에는 불안한 미래를 대비하는 보수적인 소비위축으로 돈이 돌지 않게 되고 투자활동도 위축된다.

장단기 금리 역전현상은 1978년 이후 경기침체 이전에 다섯 차례나 발생했는데, 다섯 차례 모두 장단기 금리 역전 후 2년 내 여지없이 경기침체가 발생했다. 또한 과거 장단기 금리 역전과 주가의 움직임을 비교하면 장단기 금리 역전 후 주가 또한 주저앉았다는 사실을 확인할 수 있다. 그러나 한 가지 지표만 보고

투자판단을 내리기에는 불안하다. 두 번째 지표를 확인해보자

경기선행지수

그림 9 경기선행지수

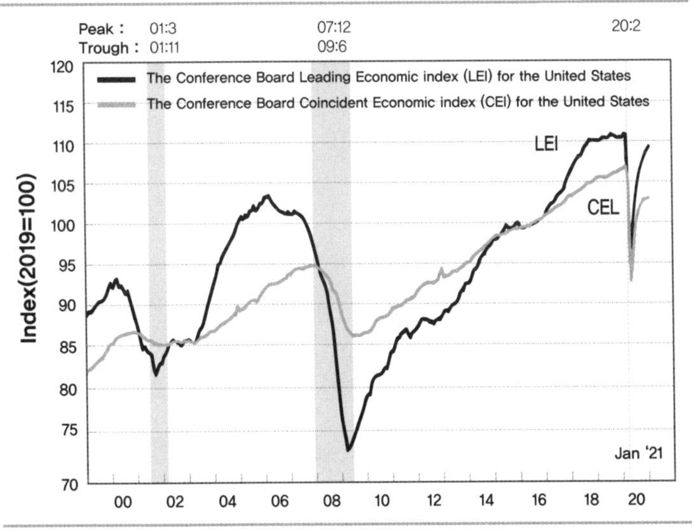

경제나 투자에 관심 없는 사람이라면 경기선행지수를 처음 들어

보았을 것이다. 나는 이 지표를 존경하는 켄 피셔의 저서《역발상 투자자》에서 처음 접했다. 정말 좋은 책이니 꼭 한 번 읽어보기 바란다. 워런 버핏에게도 영향을 준 투자자 필립 피셔의 아들이자 피셔 인베스트먼트 회장 켄 피셔는 투자자들이 세계 경제의 흐름을 내다보려고 수많은 지표 하나 하나를 분석할 필요는 없으며 오히려 이는 시간 낭비가 될 수 있다고 말한다.

경제의 흐름을 파악하려면 되레 단순할 필요가 있는데 신뢰성 있는 간단한 지표만 보면 된다고 한다. 그가 말한 대표적인 지표가 바로 '경기선행지수'다. 경기선행지수는 말 그대로 '경기'를 '선행'하는 지수다. 경기침체를 예측하는 훌륭한 지표로써 1968년 이후 7차례의 경기침체를 예측해 왔다. 평균적으로 경기침체를 6~12개월 선행했다는 점에서 이 지표가 얼마나 신통한지 알 수 있다.

경기선생지수가 이토록 신통한 이유는 구성요소 덕분이다. 다음은 경기선행지수를 구성하는 요소들이다.

요즘 투자

- 제조업 주간 평균 근로시간

- 주간 신규실업수당 청구건 수

- 소비재 부문 구매자 신규주문

- SM 지수 신규주문

- 비국방 자본재 부문 구매자 신규주문

- 신규 주택착공 허가

- 주가지수

- 선행 신용지수(컨퍼런스 보드가 만든 지수)

- 장단기 금리차

- 소비자 기대지수

일반적으로 우리는 경기선행지수가 고점에서 3~5개월 연속으로 하락하게 되면 경기침체가 다가올 것이라는 합리적인 의심을 할 수 있게 된다. 이때 우리는 현금 비중을 늘리거나, 채권이나 금과 같은 안전자산의 비중을 늘리는 것을 고려해볼 수 있다. 반대로 경기선행지수가 매달 우상향 중이라면 주식투자 계획에 '큰 변동'을 줄 필요 없이 계획대로 투자를 지속하기를 추천한다.

그러나 경기선행지수에는 '주가지수'가 들어 있기 때문에 주가를 예측하는 도구로 사용하면 곤란하다. 주가로 주가를 선행해서 예측할 수는 없기 때문이다. 주가 예측의 도구가 아닌 경기 상황을 참고하는 방향으로 생각하는 것이 바람직하다. 물론 경제와 주가는 장기적으로는 같은 방향으로 움직이지만 주가는 시장 참여자의 '심리'로 인한 변동이 크다. 그러니 이 점을 유념하고 맹신은 피하자.

〈경기선행지수 확인 방법〉

http://conference-board.org 접속 – US 클릭 – Economic indicators – Leading Economic Index press release – pdf 다운로드

Technical note와 Press release 둘 다 받도록 하자.

나만의 포트폴리오

ETF의 존재도 알았고, 글로벌 주식시장의 역사도 배웠다면 이제는 직접 당신만의 포트폴리오를 만들어 볼 시간이다. 투자에는 크게 분산투자 전략과 집중투자 전략이 있다. 들어가기에 앞서 포트폴리오 구성을 축구에 비유해 보자.

포트폴리오 안에서 '주식'은 공격수다. 팀에서 득점을 담당하는 키플레이어(key player, 팀 스포츠에서 승부를 가를 수 있는 결정적 역할을 하는 핵심적인 선수)라고 생각하면 된다.

반면 '채권과 금'은 수비수다. 주식의 비중이 높아지면 득점률이 높아지겠지만 실점률도 높아질 테고(집중투자 전략), 반대로

'채권과 금'의 비중이 높아지면 득점률은 낮아지겠지만 실점률도 낮아질 것이다(분산투자 전략).

축구경기는 90분 동안 이루어지는데, 축구 경기시간이 곧 우리의 투자가능 기간이라고 생각하면 된다. 당신은 투자라는 축구경기에서 감독이다. 축구 전략에 정답이 없듯 투자에도 정답이 없다. 그렇기 때문에 포트폴리오 전략은 자신의 자산, 성향, 나이에 맞게 짜는 것이 중요하다.

만약 포트폴리오를 구성하는 것이 막막하게 느껴지는 입문자라면 이후 제시하는 가이드라인을 참고해서 간단하게 개념을 잡아보자.

포트폴리오 구성, 이것만은 알고 하자

분산투자의 주목적 이해하기

먼저 우리는 자산배분, 즉 분산투자를 하는 목적이 수익률을 높이기 위함이 아니라 리스크를 낮추기 위함이라는 사실을 명심해야 한다. 나이와 자산에 따라 포트폴리오를 다르게 구성해야하는 이유가 여기에 있다.

나이가 어릴수록, 좀 더 리스크를 안고 공격적으로 투자하라고 이야기하고 싶다. 우리 모두가 축구경기 90분을 공평하게 뛸 수는 없다. 각자 수명이 다르기 때문이다. 이런 이유에서 투자가능 기간이 길수록 주식 비중을 높게 유지할 것을 추천한다.

나 또한 현재 채권에 분산 투자를 하지 않고 있고, 주식에 집중 투자하고 있다. 올해 서른이니 앞으로 투자가 가능한 기간을 최소 50년이라고 보고, 또 자산의 규모가 크지 않다는 점을 고려했을 때 현재 나에게 맞는 투자는 '집중투자'라고 판단했기 때문이다.

반대로 나이가 많거나 자산규모가 크다면, 포트폴리오를 집중투자보다는 분산투자로 구성하는 편이 현명하다. 이처럼 포트폴리오의 기본 개념을 이해하지 못하고 자신의 나이와 자산, 투자성향을 고려하지 않은 채 유명한 포트폴리오를 그대로 따라 하는 경우가 있다. 이제 막 종잣돈이 1억 있는 20~30대가 수십억을 보유한 50~60대 자산가의 포트폴리오를 그대로 따라 하는 것이 과연 옳은 선택이라고 할 수 있을까?

분산투자의 기본원리 이해하기

양의 상관관계란? 양의 상관관계는 한 기업의 광고와 매출의 상관관계라고 생각하면 쉽다. 광고를 많이 할수록 매출이 오르리라는 기대감도 비례하여 올라간다. 그러면 음의 상관관계란 무슨 의미일까? 자동차의 중량과 연료효율의 관계를 생각하면 쉽다. 자동차가 무거워지면 무거워질수록 연료효율은 반비례하여 떨어진다.

분산투자의 핵심은 서로 반대로 움직이는, 음의 상관관계에 있는 자산에 투자하는 전략이다. 금융계에서 20세기는 워런 버핏, 21세기는 레이 달리오라는 말이 있다. 특히 여러 번의 금융위기를 무사히 넘긴 그의 성공적인 올웨더 포트폴리오는 정석으로 꼽힌다. 주식과 채권의 6:4 포트폴리오. 대표적으로 제시되는 포트폴리오들의 공통점도 결국 음의 상관관계에 있는 자산끼리 구성되었다.

당신도 주식과 채권, 원자재, 금 부동산 등 다양한 자산에 당신의 자산을 배분할 수 있다. 아니, 해야 한다. 예를 들어 당신이 서울에 아파트를 보유하고 있다고 가정해 보자. 미국주식이 오를 때 당신이 보유한 서울 아파트값도 덩달아 같이 오를까? 반드시 그렇지는 않을 것이다.

	KOSPI	국공채	회사채	전국 아파트	달러/ 원 환율	S& P500	미국 국채	미국 Junk Bond	미국 리츠	EM 주식
KOSPI	1.00									
국공채	−0.02	1.00								
회사채	0.05	0.72	1.00							
전국 아파트	0.43	0.25	0.21	1.00						
달러/ 원 환율	−0.67	0.18	0.24	−0.28	1.00					
S& P500	−0.01	−0.09	−0.38	−0.66	−0.15	1.00				
미국 국채	−0.62	0.27	0.30	−0.17	0.93	−0.29	1.00			
미국 Junk Bond	−0.48	0.09	0.32	−0.63	0.37	0.26	0.34	1.00		
미국 리츠	0.40	0.05	−0.31	−0.11	−0.60	0.65	−0.62	−0.04	1.00	
EM 주식	0.67	−0.05	−0.10	0.27	0.12	−0.41	0.22	−0.46	0.40	1.00

〈그림 10〉을 보면 미국주식 S&P500과 국내 전국아파트의 상관계수가 −0.67이라는 수치를 확인할 수 있다. 미국국채와 S&P500이 −0.33인 것을 감안했을 때 S&P500과 국내 아파트는 강한 음의 상관관계로 이루어져 있다고 볼 수 있다. 즉, 국내 아파트를 소유한 채로 미국 주식투자를 한다면 그 자체로 효과

적인 분산투자 효과를 얻을 수 있으므로 주식 비중을 조금 더 높일 수 있는 여유가 생긴다. 이처럼 자산을 배분할 때, 현재 거주 중인 집도 자산의 한 부분으로 본다면 더 이상적인 포트폴리오를 구성할 수 있다.

이러한 원리는 주식의 분산투자에도 똑같이 적용된다. 간혹 단순히 종목 수를 많이 늘렸다고 이를 분산투자로 착각하는데, 비슷한 스타일의 섹터를 여러 개 산다고 해서 분산투자는 아니다. 리스크를 줄일 목적으로 분산투자를 한다면 전체 자산을 구성할 때와 마찬가지로 주식투자 안에서도 상관관계가 서로 적은 음의 상관관계의 섹터로 분산해서 구성해야 한다(하지만 이러한 움직임이 무조건적인 현상은 아니라는 사실은 주의하자. 음의 상관관계에 가깝다는 것이지, 무조건 음의 상관관계로 움직인다는 말은 아니다).

두 가지를 유념했다면 이제 본격적으로 자신만의 포트폴리오를 직접 구성해 보자.

나만의 포트폴리오 만들기

전체 자산 포트폴리오의 구성

통상적으로 (100-현재 내 나이)를 주식투자 비중 기준으로 삼지만, 자산을 배분할 때는 나이, 자산의 규모, 투자성향을 모두 고려해야만 한다. 우선 간단히 자신의 투자성향을 테스트해 보자.

투자성향 자가테스트

1	나는 원금보존이 중요하다고 생각한다. 투자수익은 예금금리보다 1~2% 정도만 높아도 좋다.	0점
2	원금보존도 중요하지만 투자수익을 위해서라면 어느 정도 위험을 감내할 생각이다.	1점
3	나는 손실은 또 다른 고수익의 기회라고 생각한다. 원금손실을 걱정하지 않는다.	2점

손실률 각오 검사

1	원금손실은 없어야 한다.	0점
2	10~20% 손실은 감내할 수 있다.	1점
3	손실은 또 다른 기회다. 투자에 대한 강한 믿음이 있다.	2점

테스트에서 0점이 나온다면 주식투자는 안 하는 편이 좋다. 1점~2점에 해당된다면 주식 비중을 30~50% 정도로 잡는 것이 좋고, 3점~4점에 해당된다면 주식 비중을 60% 이상으로 잡는 것이 좋다. 투자성향에 맞게 주식 비중을 설정했다면 나머지 비중은 주식과 음의 상관관계에 가까운 자산에 배분하면 된다.

이 모든 과정이 어느 정도 이루어졌다면 이제 당신이 포트폴리오를 구성할 때 참고가 될 만한 대표적인 포트폴리오를 소개하겠다. 앞서 이야기했듯 이 포트폴리오를 그대로 따라하라는 말이 아니다. 이를 참고삼아, 당신의 나이와 투자성향에 맞게 자신만의 포트폴리오를, 스스로 구성하는 것이 중요하다는 점을 잊지 말자.

대표적으로 보수적인 자산배분 포트폴리오
레이달리오 올웨더 포트폴리오

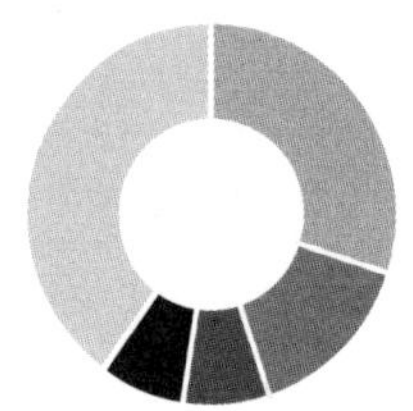

주식 포트폴리오의 구성

전체 자산의 포트폴리오 구성이 끝났다면 이제 포트폴리오의 핵심자산인 '주식 자산' 안에서 포트폴리오를 구성해 보자. 개별주식이든 ETF든 우리는 투자할 수 있는 선택의 폭이 상당히 넓은데, 나는 ETF를 중심으로 투자하기 때문에 주로 ETF를 기준으로 설명하겠다.

내 유튜브 채널 댓글에 간혹, ETF 종목을 언급하면서 "이 ETF 종목은 어떤가요? 이 종목에 대해서는 어떻게 생각하시나요?" 하고 묻는 경우가 있다. 그런데 유념해야 할 사항은 개별 기업 주식 같은 경우는 그 기업에 대한 분석과 평가가 필수적이고 좋은 종목, 나쁜 종목의 관점으로 접근하는 것이 맞지만 ETF의 경우에는 좋다, 나쁘다의 관점이 아니라 내 투자성향과 맞는 종목이냐 아니냐의 관점으로 접근해야 한다.

이때 기준으로 삼아야 하는 것이 대표적인 시장 전체 평균지수인 'S&P500지수'이다. 시장평균지수를 기준으로 위험을 좀 더 감수하더라도 기대수익률을 높이고 싶다면 공격적인 종목의 비중을 높여서 포트폴리오를 구성하고, 기대수익률이 적더라도 리스크를 줄이고 싶다면 방어적인 종목의 비중을 높여서 포트폴리오를 구성하라.

물론 공격형 종목, 방어형 종목이 정해져 있는 것은 아니다. 시장 상황에 따라 늘 예외는 있다. 어디까지나 포트폴리오라는 건 자산분배의 큰 틀을 잡는 작업이니 중심을 잡고 가되 예외 상황이 발생할 수 있다는 사실을 늘 인지해야 한다.

예를 들어보자. QQQ와 ARKK, ARKW 같은 ETF는 시장평균지수 S&P500을 추종하는 ETF에 비해 기술주, 4차 산업주 섹터에 많은 비중이 집중되어 있다.

[QQQ 구성분야]

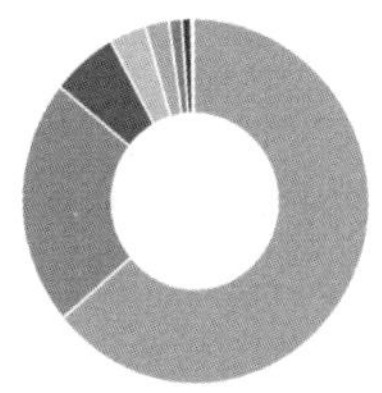

Technology	63.88%	Industrials	2.24%
Consumer Cy...	21.88%	Telecommuni...	1.23%
Healthcare	6.20%	Utilities	0.86%
Consumer No...	3.48%		

[QQQ 구성종목]

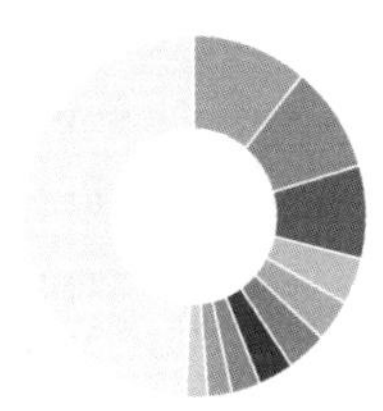

Apple Inc.	10.83%	Alphabet Inc. ...	3.67%
Microsoft Cor...	9.59%	Alphabet Inc. ...	3.36%
Amazon.com,...	8.35%	NVIDIA Corp...	2.73%
Tesla Inc	4.12%	PayPal Holdin...	2.31%
Facebook, Inc...	3.77%	Intel Corporat...	2.09%
Total Top 10 ...			50.84%

[ARKK 구성분야]

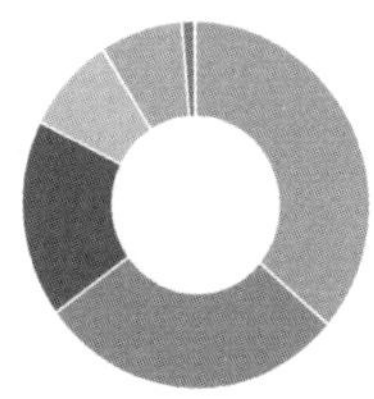

Technology	36.22%	Industrials	8.63%
Healthcare	28.76%	Financials	7.72%
Consumer Cy...	17.44%	Telecommuni...	1.23%

[ARKK 구성종목]

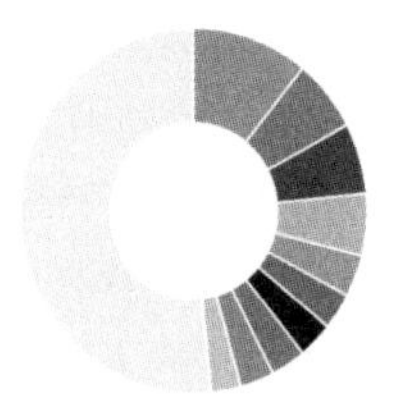

Tesla Inc	10.78%	Zoom Video ...	3.28%
Square, Inc. C...	6.49%	Baidu Inc Spo...	3.28%
Teladoc Healt...	6.25%	Shopify, Inc. ...	3.23%
Roku, Inc. Cla...	5.46%	Spotify Techn...	3.14%
Zillow Group, ...	3.72%	Exact Science...	2.78%
Total Top 10 ...			48.42%

[ARKW 구성분야]

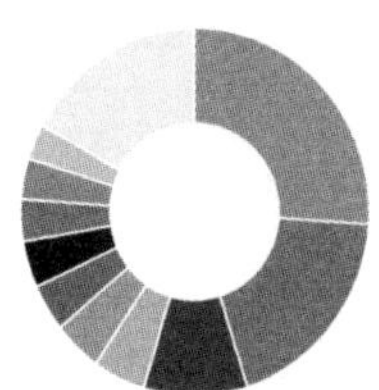

Internet Servi...	26.10%	IT Services & ...	4.18%
Software	19.05%	Healthcare Fa...	4.08%
Auto & Truck ...	9.54%	Entertainmen...	3.75%
Business Sup...	4.89%	Real Estate S...	3.53%
Investment Tr...	4.65%	Financial & C...	3.10%

[ARKW 구성종목]

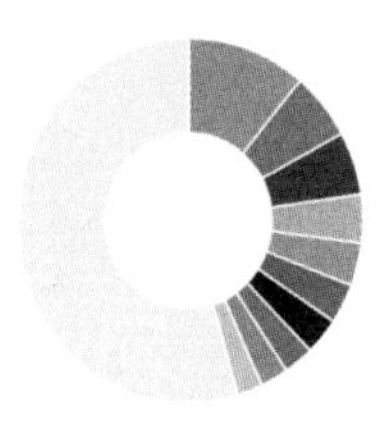

Tesla Inc	11.12%	Spotify Techn...	3.53%
Grayscale Bit...	5.98%	Roku, Inc. Cla...	3.29%
Square, Inc. C...	5.66%	Twitter, Inc.	2.77%
Teladoc Healt...	4.27%	Zillow Group, ...	2.60%
Shopify, Inc. ...	3.80%	Zoom Video ...	2.41%
Total Top 10 ...			45.43%

요즘 투자

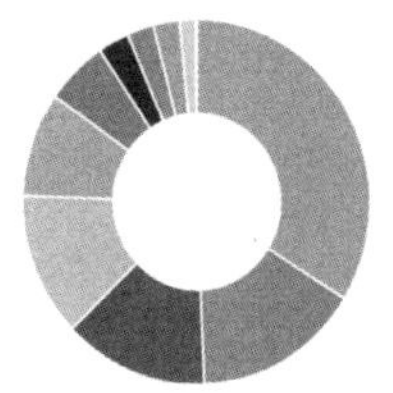

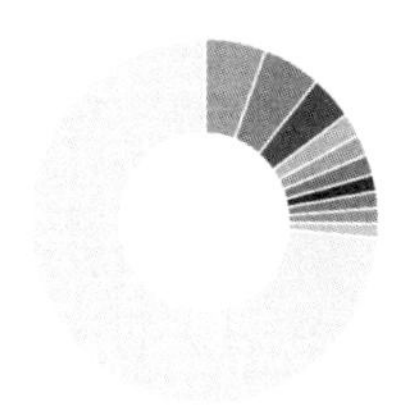

최근에는 기술주가 호황이었던 만큼 QQQ와 ARKW, ARKK 들의 수익률은 뛰어난 퍼포먼스를 보여주었다. 요즘 들어 QQQ 와 ARKK, ARKW에 집중투자하는 것이 어떤지 묻는 분들이 많다. 간단히 말하면 해당 ETF들은 시장평균을 이기는 위험을 감수하며 그에 따른 보상을 기대할 수 있는 ETF라고 보면 되겠다. 즉 하이 리스크 하이 리턴이다.

앞서 말한 것처럼 좋고 나쁘다는 개념보다는 위험이 높은 만큼 보상도 높은 종목이다. 좀 더 쉬운 이해를 돕기 위해서 백테스트(과거의 데이터를 활용한 역추산)를 돌려보자.

포트폴리오에 사용할 종목은 아래와 같다.

QQQ : 기술주 집중 ETF

SPY : S&P500지수 추종

XLP : 소비재 ETF

QQQ에 100% 투자했을 경우,

SPY에 100% 투자했을 경우,

XLP와 QQQ에 각각 50%씩 투자할 경우를 백테스트를 통해 비교해보겠다.

투자기간은 2000년 1월부터 현재까지, 3개의 포트폴리오 모두 투자 시작 단계에서는 $10,000로 시작하고 매달 $1,000를 적립식 투자를 한다고 가정하자.

Portfolio	QQQ 100	QQQ 50, XLP 50	SPDR S&P 500 ETF Trust
Initial Balance	$10,000	$10,000	$10,000
Final Balance	$2,013,988	$1,467,591	$1,144,303
CAGR	28.36%	26.46%	24.99%
TWRR	6.76%	7.93%	6.76%
MWRR	14.88%	7.93%	6.76%
Stdev	23.50%	14.76%	15.09%
Best Year	54.68%	34.48%	32.31%
Worst Year	−41.73%	−28.73%	−36.81%
Max. Drawdown	−81.08% (−40.60%)	−54.61% (−29.38%)	−50.80% (−42.37%)

결과를 보면 위험과 보상은 비례한다는 의미가 바로 와 닿을 것이다. Final Balance를 보면 QQQ 100%가 압도적이지만 Max drop down(전고점대비 최대 하락률)을 보면 QQQ의 하락률은 81%로 상당히 높다.

반면 QQQ와 경기방어주에 해당하는 소비재 XLP에 각각 50%씩 투자한 경우는 Final Balance가 SPY 100%보다 높으면서 QQQ 100%보다는 낮은 수준을 보이지만 Max drop down(전고점대비 최대 하락률)은 54%로 SPY와 큰 차이를 보이지 않았다.

이처럼 한 섹터에 너무 집중된 종목, 특히 호황을 누리는 종목은 그만큼 해당 섹터에 불황이 왔을 때 큰 타격을 받는다. 이럴 때 리스크를 줄이고 싶다면 산업섹터의 분산화를 통하여 종목을 구성하는 게 좋다.

'그냥 편하게 투자하고 싶다' 하는 사람들은 시장평균지수만 사도 충분하다. 선택은 당신의 몫이다.

요약 정리

첫째, 분산투자의 주 목적은 위험을 낮추기 위함이다.
둘째, 분산투자의 핵심은 서로 음의 상관관계에 있는 자산에 투자하는 것이다.

이에 대한 이해를 바탕으로 포트폴리오를 구성할 때는 먼저, 거시적인 관점에서 주식을 기준으로 자산 전체에 대한 포트폴리오를 구성하고 그 다음에는 미시적인 관점에서 주식 안에서의 포트폴리오를 구성한다. 이때 유념해야 할 것은 자신의 투자성향에 맞춰서, 특히 내가 리스크를 얼마나 감수할 수 있는지에 따라서 해야 한다는 점이다.

자, 이제 머릿속에 어느 정도 큰 틀이 잡혔다면 이제 자신에게 딱 맞는, 현명한 포트폴리오를 구성할 수 있을 것이다. 물론 우리가 투자를 하는 목적은 '수익'에 있으니 지나치게 보수적인 관점으로 투자할 필요는 없다. 다만, 자신이 감수할 수 있는 리스크를 고려해서 포트폴리오를 구성하거나 재조정하는 작업은 꼭 필요하다.

수익극대화 전략

자본이 일하게 하는 법

저축과 투자의 비율

포트폴리오를 구성하고 나면, 여러 가지 궁금증이 생길 것이다. 아래는 내가 작년 유튜브를 통해 가장 많이 받은 질문들이다. 들어가기에 앞서 투자에는 정답이 없다는 사실을 알아두었으면 한다. 모두 자신만의 방법이 있고 기술이 있을 수 있겠지만 내가 제시하는 방법은 어떤 교묘한 술수가 아닌 가장 일반적이면서 걱정 없이 마음 편하게 투자하는 방법이다. 내 방법을 보고 그대로 따라해도 좋고 자신만의 스타일대로 변형해도 좋고 영감만 얻어도 좋다. 적어도 나는 이 방법으로 불안해 하지 않으며 20대에 2억을 만들 수 있었다.

저축과 투자

Q. 1,000만원을 다 모으고 나서 투자하는 게 좋을까요?
아니면 매달 적금하듯 조금씩 투자를 바로 해보는 게 좋을까요?

A. 종잣돈을 만들면서 소액 투자하는 전략

A는 단기적금으로 목돈을 만들면서 보너스가 들어왔거나, 그달엔 소비가 적어 돈이 조금 남았을 때마다 소액의 자투리 자금을 소소하게 투자에 활용해 보는 방식이다. 10~20대 초반 사회초년생 분들에게 강력하게 권장한다. 분명 '나는 다를 거야'라고 생각하지만, 막상 투자를 시작하고 나면 주식시장의 유혹에 흔들리지 않는 투자자는 거의 없다. 특히 투자를 시작한 지 얼마 되지 않은 사람들은 더더욱 그렇다.

나 역시 투자에 막 입문했을 때 수많은 유혹을 느꼈고 심리적으로 매우 흔들렸다. 그 당시 적금으로 목돈이 묶여 있지 않았다면 내 자산은 반 토막, 아니 그 이하가 되었을 것이다. 이때는 손해를 봐도 부담이 적기 때문에 수익과 손실의 감정을 배우기에 적합하다. 이렇게 소액투자를 하는 동시에 투자서적을 읽으면서 투자에 임하는 자세와 투자 대가들의 말 한 마디 한 마디에 집중하면 향후 투자계획을 세우는 데 큰 도움을 받을 수 있다.

1~2년 동안 적금을 붓고, 적금이 만기되어 큰 덩어리의 종잣돈이 만들어졌다면 이제부터는 본격적인 투자를 시작해 보라. 소액투자로 경험도 쌓았고 책도 충분히 읽었기 때문에 투자가 비교적 쉽게 느껴지고, 무엇보다 현명하게 투자할 수 있다. 이렇게 만들어진 종잣돈을 투자하는 방법에 대해서는 B타입 설명이 끝난 후에 이야기하겠다.

- **요약** : 1~2년 단기적금을 하여 종잣돈을 모은다. 그동안 자투리 돈으로 연습 삼아 소액 투자를 해본다.

- **장점** : 투자경험을 안전하게 쌓아갈 수 있다. 리스크가 적다.

- **단점** : 초반 기대수익률이 비교적 낮다.

- **추천 대상** : 10대~20대 초반, 사회초년생

B. 적금하는 대신, 적금하듯 매달 매수하는 전략

수익률 측면에서는 B가 가장 좋은 선택이 될 수 있다. 하지만 주

식투자를 시작할 때 스스로 심리를 제어하기란 쉽지 않다. 적금을 넣지 않을 때에는 그만큼 매월 투자 가능한 금액이 많을 테고, 당신은 총알이 잔뜩 장전된 람보가 된 듯 주식시장과 승부를 보고 싶은 의욕을 불태울 것이다.

정말 망부석처럼 유혹에 흔들리지 않을 자신이 있다면 이렇게 투자해도 좋다. B타입으로 투자하고 싶다면 월급통장에서 주식통장으로 자동이체를 걸어두고 본인의 예산에 맞게 아래 '주식과 현금의 비율'에서 설명할 비율에 맞춰 투자하면 된다.

- **요약** : 적금하는 대신, 적금하듯 매달 ETF를 기계적으로 매수한다(종잣돈을 모으지 않은 상태에서 바로 투자 시작).

- **장점** : 초반 기대수익률이 비교적 높다.

- **단점** : 리스크가 크다. 투자 마인드가 제대로 잡혀 있지 않은 상태이기 때문에 유혹에 빠지기 쉽고 마인드를 컨트롤하기 쉽지 않다.

- **추천대상** : 투자를 늦게 시작한 20대 후반 이상

주식과 현금의 비율

Q. 1,000만원 정도 종잣돈이 있습니다. 어떻게 굴려야 할까요? 현금과 주식의 비율은 어느 정도가 적당할까요?

앞서 1번에서 본인이 A타입으로 갈지, B타입으로 갈지 선택했다면 본격적으로 주식과 현금의 비율을 설정해 보자. 먼저 '6:4와 8:2' 비율을 기억하라. 주식과 현금의 비율은 항상 이 정도로 유지하면 좋다. 평상시는 6:4, 큰 기회가 왔다고 판단되어도 8:2의 비율은 유지해야 한다.

우선 평소 투자 기준으로 잡는 6:4의 비율로 이야기해 보자. 일례로 1,000만원이 있다면 투자와 현금 비중 비율을 어떻게 맞출까? 위의 기준처럼 일정 기간 주식과 현금의 비율을 6:4로 맞춘다. 1,000만원을 증권계좌에 다 넣은 후 600만원만 투자계획을 잡는다. 600만원으로 매달 100만원 주식을 사겠다고 했을 때 100만원씩 6개월 매수가 가능하다.

물론 600만원을 한 번에 매수하는 것이 아니라 기간을 두고 분할매수하며 6:4의 비율로 맞춰갈 것이기 때문에 이 기간에 투자되는 금액을 제외한 금액은 CMA로 이자를 받거나 달러RP로

이자를 받으면 좋다. 달러RP란, 달러를 증권사에 빌려주고 그 보상으로 일정 이자를 받는 것이라고 생각하면 된다. RP는 일종의 채권인데 증권사는 우리에게 빌려간 달러를 채권에 투자한다. 달러RP는 증권사 문의를 통해서 가입이 가능하고, 어플로도 신청이 가능하다.

이런 방식으로 한 달이든 두 달이든 매수시기의 텀(기간)을 적당히 길게 잡아주면 좋다. 너무 짧은 텀으로 매수하면 투자가능 금액이 금방 소진되어 평균단가를 낮게 가져가기 어렵다. 이런 방식으로 대략 6개월 동안 주식과 현금의 비율을 6:4로 만들어서 완성시키는 것이다. 이때 현금 4는 CMA에서 이자를 받고 있을 테니 걱정하지 말자.

그럼 8:2 비율로는 언제쯤 전환할까? 지난 코로나 사태를 직접 경험해 보았다면 주가 폭락의 공포가 어떤지 잘 알 것이다. 나는 그때를 기회 삼아 투자 대기금과 현금 비중을 6:4 비율에서 서서히 올려 7:3, 8:2로 전환했다. 말 그대로 주가가 무너질 때 적극적으로 매수에 나선 것이다. 평소에 100만원 투자하던 것을 200만원 300만원 투자하는 것이다.

그럼 주식이 더 쌀 때 샀다는 뜻일까? 나는 "지금 주식이 쌉니다. 혹은 비쌉니다"라는 판단을 경계한다. 아무도 그 정확한 지점을 알 수 없고 함부로 단정할 수도 없기 때문이다. 이럴 때, 현재 상황을 짐작할 수 있는 좋은 방법이 하나 있다. (위에서 언급한) 역사적 주식시장의 폭락의 폭을 이용하는 것이다. 물론 이 기간에도 반드시 현금을 보유하고 있어야 한다. 최소 2의 비율을 유지하는 것이 나의 기준이다.

주식시장은 농락의 달인이다. 아주 낮은 가격이라고 판단해서 올인하여 매수하면 머지않아 보란 듯이 더 내려앉는 게 주식이다. 이 극심한 변동성 안에서 우리가 할 수 있는 최선은 일정한 텀을 두고 기계적으로 매수하는 방법뿐이다.

나는 이러한 방법을 통해 코로나19 사태에도 마음 편하게 투자했다. 주식에 10년, 20년, 오랜 기간 장기투자를 하려면 무엇보다 마음이 편해야 한다. 일상생활에 지장을 받으면서까지 투자해서는 안 된다. 주식 때문에 상처를 받아서도 안 되고 지쳐서도 안 된다. 그냥 주식시장이 있는 듯 없는 듯 나와 함께 조용히 인생을 걷는 동반자로 만드는 것이 좋다.

흔들리지 않는 투자의 비결

시간에 관한 우리의 착각 중 하나는, 즐거울 때면 시간이 눈 깜짝할 새 지나가고 괴롭고 힘들 때는 1분 1초가 영겁처럼 길게 느껴지는 것이다. 매일 좋아하는 일을 하는 사람은 항상 즐겁기 때문에 시간의 흐름을 잊는다. 회사나 학교에서는 시계를 아무리 자주 쳐다봐도 시간이 가기는커녕 10분이 3시간처럼 느껴지는 반면, 주말에는 시간이 거의 빛의 속도로 흘러가 버린다. 시간은 똑같이 흐르는데 실제 우리가 체감하는 속도는 이렇게나 다르다.

한 가지 실험을 해보자. 지금 바로 냉장고에서 얼음을 꺼내와

책상 위에 올려두고 다 녹을 때까지 눈을 떼지 말고 집중해서 지켜보자. 다 녹는 데 얼마나 걸릴까? 얼음이 실온에서 완전히 녹기까지는 정확히 30분이 걸린다(내가 직접 해봤으나 당신은 시간 낭비하지 않기를 바란다).

30분은 우리에게 어떤 의미가 있을까? 그렇게 긴 시간은 아니지만 결코 짧은 시간도 아니다. 나의 하루 일상에서 30분은 좋아하는 책을 읽거나, 유튜브 스크립트를 작성할 수도 있고 운동에 집중할 수 있는 시간이기도 하다.

그럼 30분간 이 얼음이 다 녹을 때까지 계속 그 앞에서 가만히 지켜보는 것과 30분 동안 얼음이 녹는 것은 신경 쓰지 않고 나의 가치를 높이기 위한 자기계발을 하는 것 중 어느 쪽이 더 시간을 효율적으로 활용하는 것일까? 그리고 체감적으로 얼음이 더 빨리 녹았다고 느껴지는 것은 어느 쪽일까? 그렇다. 당신도 답을 이미 알고 있다. 주식투자도 마찬가지다.

주가창을 하루종일 들여다보고 있는 사람은, 다른 일은 하지 않고 얼음 앞에 앉아서 얼음이 녹기만을 기다리는 사람과 같다. 하루의 시간을 효율적으로 사용할 수 없음은 물론, 주가창만 들여다보며 흘려보낸 일주일은 아마 1년 같이 느껴질 것이다. 답답함에 두통을 호소하며 왜 이렇게 안 녹느냐고 불평하며 난폭

해지는 자신을 발견할 뿐이다. 당신이 1년에 365번 주가확인을 하고, 내가 1년에 36번 주가확인을 한다면, 나의 1년이 당신에게는 체감상 10년과도 같다.

장기투자를 하기로 했다면, 주가확인은 가끔, 일정 기간을 정해 두고 주기적으로 하는 것이 좋다. 날마다 주가창을 확인한다면 한 달에 30번, 일 년 365일 매일 흔들리는 주가로부터 원치 않는 테스트를 받게 될 것이다. 주가가 떨어질 때는 떨어진 만큼 불안하고, 주가가 오를 때는 오른 만큼 더 살 걸 하고 후회하느라 일상에 집중하기가 어렵기 때문이다.

이는 투자 성과에도 지대한 영향을 미칠 수 있다. 잘못된 판단을 하는 계기가 될 수도 있다는 말이다. 이럴 때, 충동적인 매매 실수가 나올 확률이 높다. 1년에 운전을 10번 하는 사람보다 100번 하는 사람이 사고확률이 더 높고, 1년에 카지노를 10번 가는 사람보다 100번 가는 사람이 큰돈을 잃을 확률이 더 높듯이 말이다.

장기투자에 성공하려면 긴 호흡으로 투자에 임해야 한다. 자신만의 투자포트폴리오와 투자철학이 생겼다면 그것을 믿고 주식투자를 그저 일상의 일부분으로 여기는 것이 좋다.

나는 일주일에 유튜브 콘텐츠 기획과 투자서적을 읽는 시간을 제외하고는 주식투자에 따로 시간을 쏟지 않는다. 대신 운동을 하거나 책을 읽거나 사업을 위한 다른 아이디어를 짜내는 데 시간을 보낸다. 하루종일 주가창을 들여다보며 주가의 흐름에 일희일비하는 대신, 나는 '나'라는 기업의 가치를 높이는 데 더 많은 시간과 노력을 투자한다. 주식투자는 내 인생의 궁극적인 목표가 아니기 때문이다.

그 결과 나는 건강한 몸과 마음을 얻었고, 주식투자뿐만 아니라 여러 갈래의 파이프라인을 만들어내고 있다. 당신이 스스로 심리를 컨트롤할 수 없다면 가급적 주가창 보는 시간을 줄이고 자기 가치를 드높이기 위해 시간을 투자하라. 주식투자에 재능이 있는 소수를 제외한다면, 대다수에게는 그 편이 훨씬 더 효율적이다.

혹자들은 '그래도 주식을 샀다면 주기적으로 관리해주어야 한다'고 반문할 것이다. 물론 맞는 말이다. 개별주식은 예민하기에 작은 이슈에도 큰 움직임을 보이기 때문이다. 그래서 나는 개별주식보다는 시장평균 ETF에 투자하는 것을 선호한다. 시장 전체에 투자하여 주식시장을 거시적인 관점에서 바라본다면 주가창을 자주 들여다볼 필요가 없다.

"주식시장은 장기적으로 우상향해왔다."

"장기투자 시 손실은 0이었고, 변동성은 줄어들었다."

"건초더미에서 바늘을 찾지 말고 건초더미 자체를 사버리자."

이 세 가지 사실을 명심하면 시간을 낭비하지 않는 효율적인 투자를 할 수 있다. 투자로 어느 정도 자본을 구축했다면, 이제는 궁극적인 목표인 '사업'을 시작할 준비를 해야 한다. 투자가 부자가 되기 위한 걸음마 단계였다면 사업은 본격적으로 부자의 길에 들어설 수 있는 단계의 시작이다.

나의 투자 과정, 자산 증식 과정

나는 23살에 저축을 시작했다. 그리고 서른인 지금 약 2억 5천만원이라는 돈을 모았다. 예전에 모 카페에 돈을 모은 과정을 간략하게 글로 남긴 적이 있었는데, 몇몇 회원들은 내 말을 믿지 않았다. 7년 동안 매달 300만원을 저축해야 2억 5천만원인데 사회 초년생 월급으로는 불가능하다는 주장이었다.

'자본주의 사회에서 단순 저축으로 부를 축적한 부자가 과연 몇이나 있을까?'

이러한 의구심들은 우리가 그동안 얼마나 금융에 무지했는지를 상기시킨다. 예를 들어보자.

당신이 1993년생이라고 가정했을 때, 당신의 부모님이 당신이 태어난 해부터 2021년인 지금까지 매월 10만원씩 적금하듯 미국 S&P500에 투자했다면 결과는 어땠을까?

(1993.4~ 2021.4 매달 10만원, 배당금은 재투자로 가정했을 시, *달러로 계산하여 오차가 있을 수 있음)
● **투자원금**: 약 3,400만원　　● **최종자산**: 약 2억 2,300만원

투자원금 3,400만원이 2억 2,300만원이 되면서 자산이 약 7배로 불어나는 마법이 일어난다.

그림 13 **S&P500과 투자원금 비교**

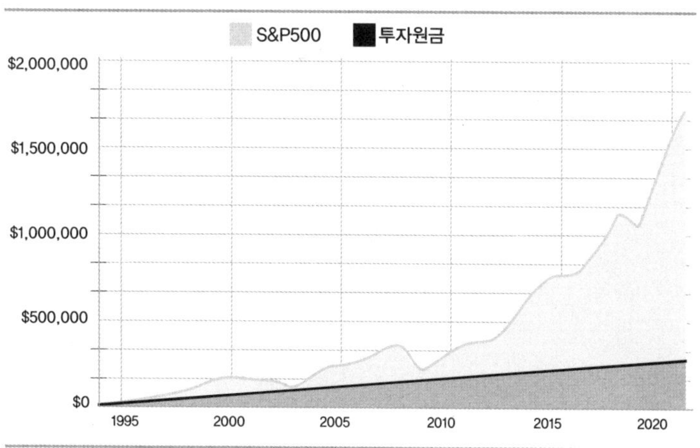

행복회로를 조금 더 적극적으로 돌려보자. 투자기간은 동일하되 매월 10만원씩 S&P500과 애플 주식에 각각 절반씩 투자했다면 어땠을까?

● **투자원금**: 약 3,400만원　　● **최종자산**: 약 22억 8천만원

최종자산은 무려 원금에서 67배로 불어난다. 〈그림 14〉는 드라마틱한 결과를 확인시켜 준다.

그림 14 S&P500과 투자원금 비교

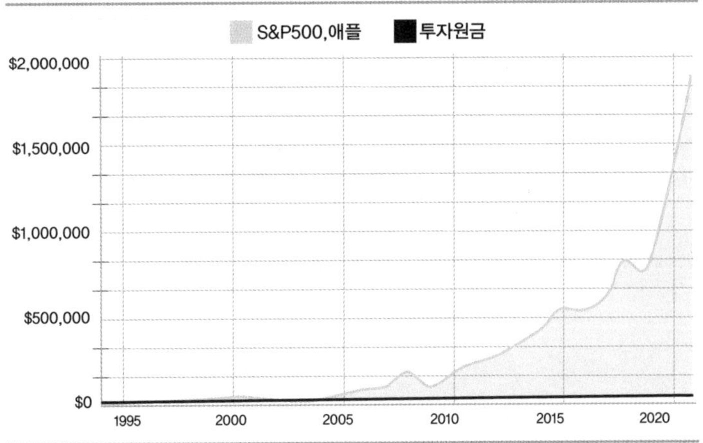

물론 29년 전 10만원은 일반가정에서 결코 적지 않은 돈이었

요즘 투자

겠지만, 목돈 투자가 아니라 매달 적립식으로 하는 투자라면 크게 무리인 금액은 아닐 것이다. 이처럼 복잡하게 생각할 필요 없이 단순하게, 소액이라도 장기적으로 가치가 상승하는 자산에 꾸준히 투자했다면 오늘날 꽤나 큰 목돈을 손에 쥘 수 있었을 것이다.

금융학습이 필요한 이유가 바로 이것이다. 저축만으로는 결코 부자가 될 수 없다. 부자가 되려면 투자를 통해 부를 축적하고 더 큰 자산흐름을 만들어내야만 한다. 투자는 당신이 잠을 자는 동안에도, 휴가를 떠날 때도, 화장실을 가는 동안에도 계속 당신의 자산을 불려준다. 이러한 자본의 메커니즘을 충분히 이해하고 장기적으로 가치가 상승하는 투자자산에 믿음을 가지고 오랜 기간 투자한다면 분명히 좋은 결과를 얻을 수 있다.

내가 7년 만에 2억 5천이라는 자산을 모을 수 있었던 것은 아주 단순한 방식으로 투자했기 때문이다. 나는 내게 맞는 투자스타일을 찾아낸 뒤 나만의 투자철학에 따라 흔들림 없이 꾸준한 투자를 해왔다.

현재 나의 자산분포는 아래와 같다.

(정확성을 위해 대출은 포함시키지 않음)

그림 15 나의 자산분포도

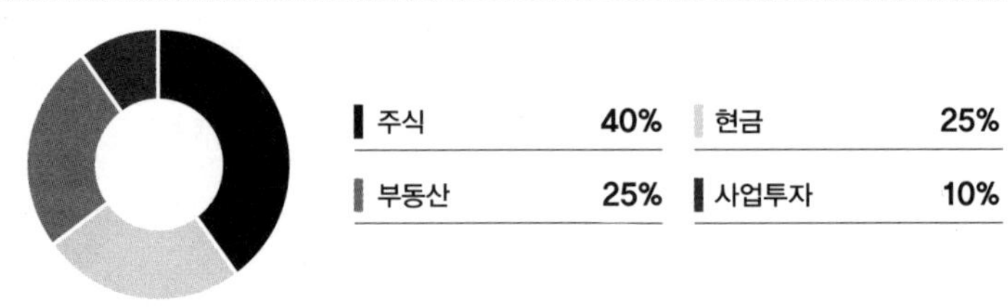

나는 현재 주거 목적인 18평의 오피스텔 한 채를 보유하고 있고, 주식투자도 하며 작은 사업체에 투자 중이기도 하다. 향후 수익을 위한 부동산 투자도 계획 중이지만 장기적으로는 주식과 부동산의 비중을 50:50으로 유지함으로써 안정성과 수익성 두 마리 토끼를 동시에 잡고자 한다. 서로 음의 상관관계에 가까운 자산인 국내 부동산과 미국 주식을 둘 다 보유하면 잠재적인 손실 가능성을 줄일 수 있다(미국주식과 국내부동산 −0.67 음의 상관관계).

부동산 투자, 사업 투자 모두 좋지만 만약 당신이 투자를 처음 접한다면 단연 '주식투자'를 권하고 싶다. 단, 투자를 처음부터 복잡하고 어렵게 접해서는 안 된다. 이해하기 쉬워야 하고 흥미로워야 하며 무엇보다 바로 실천이 가능해야 한다. 주식투자는 접근성이 용이하고 다른 투자자산과 다르게 단돈 몇만원, 몇십만원 단위의 소액투자가 가능하기 때문에 대학생, 사회초년생에게 더할 나위 없이 좋다.

23살, 나의 첫 월급은 140만원이었다. 취업과 동시에 무작정 월급의 대부분을 저축했는데 100만원은 3년 단기 적금에, 16만원은 10년 장기 저축보험에 가입했다(10년 저축보험가입은 뼈저리게 후회하고 있다). 처음에는 돈을 모으려면 예·적금이 최고라고만 생각했다.

그러다 몇 달 뒤 우연히 피터 린치의 《투자 이야기》라는 주식투자서를 읽고 나서 돈을 효율적으로 불리려면 돈이 돈을 버는 시스템을 만들어야 한다는 것과 그러기 위해서 투자는 필수라는 사실을 깨달았다. 이 사실을 알고 난 뒤 설레는 마음을 안고서 곧바로 200만원을 가지고 집 근처 증권사에 가서 주식계좌를 개설했다.

나는 처음 주식에 투자할 때부터 나름의 기준을 설정하고 지켜왔는데, 그 내용은 아래와 같다.

● **자산의 대부분을 세계 기축통화 달러로 보유한다.**
● **미국 ETF를 메인 비중으로 장기적으로 모아간다.**

- 매달 생활비 20~30만원을 제외한 나머지는 모두 증권계좌에 넣어버린다.

  (증권계좌에 한 번 들어간 돈은 절대 나올 수 없다!)

- 월급 인상분, 야근 수당, 보너스도 모두 증권계좌에 넣는다.

막 투자에 관심을 갖게 된 '투린이'였지만 그래도 원화보다 달러 보유가 좋다는 사실은 알고 있었다. 세계 기축통화인 달러를 보유하는 것은 그 자체로 안정적일 뿐만 아니라 금융위기 때 리스크를 헷지할 수 있다는 점에서 매력적이었다. 나는 그 믿음으로 달러를 적극 매수해 왔다.

달러 매수는 과거의 통계를 기준 삼아 환전했다.

- **10년 환율 평균**

  2010.05.06 ~ 2020.05.09　　＝　　1,125.47

- **20년 환율 평균**

  2000.05.06 ~ 2020.05.09　　＝　　1,107.68

운이 좋았는지 2014년 말 환율이 1000원선 아래로 떨어졌다. 나는 모든 여유자금을 달러로 환전했고 VOO ETF(*S&P500 지

수 추종 ETF)를 적립식으로 매수하기 시작했다. 그리고 2017년 10월, 100만원 3년 단기적금이 만기가 되어 약 3,700만원이라는 목돈이 수중에 들어왔고, 2018년 또 다시 환율이 1050원선에 머물렀을 즈음 약 3,000만원을 과감하게 달러로 환전했다.

물론 달러를 보유하면서 ETF와 미국 개별주식에도 적립식으로 투자했는데 ETF에는 매달 약 50만원에서 100만원을 기계적으로 투자했고, 2018년에는 개별주식인 버크셔 헤서웨이 주식, 애플 주식을 매수했다. 애플 투자는 초반에 나의 자산을 증식하는 과정에서 아주 중요한 역할을 해주었다.

2018년 애플 주식은 당시 전 고점에서 약 30%가 하락하면서 분위기가 좋지 않았다. 그러나 나는 애플 제품을 오래전부터 사용해 왔었고, 그 동안 애플 주식을 눈여겨 봐왔기 때문에 당시 주가 하락의 원인은 기업 가치와는 전혀 무관한 일시적인 매출 저하임을 알고 있었다. 그래서 350만원씩 두 번에 걸쳐 총 700만원을 애플에 투자했고 3년이 지난 지금 애플주식은 240%의 수익률로 2,400만원이 되었다.

그러나 내가 항상 마음 편하게 안정적으로 투자했던 종목은 다름 아닌 ETF였다. 1주만 사도 분산투자의 효과를 얻을 수 있는 ETF는 내 투자자산의 약 50~70%를 차지했는데, 내 포트폴리오에서 가장 큰 비중이었다. 그중에서도 S&P500지수를 추종하는 VOO ETF가 무려 40%를 차지했다. VOO ETF는 2014년부터 2021년까지 7년 동안 약 125% 상승했다. 만약 당신이 2014년에 VOO에 100만원을 투자했다면 오늘날 약 225만원이 되어 있을 것이다.

7년 동안 125%라는 수익이 시시해 보이는가? 물론 최근의 상승장에서 큰 폭의 변동성을 경험한 초보자라면 125%의 수익이 성에 차지 않을 것이다. 그러나 투자 경험을 쌓아나갈수록 안정적인 수익과 100%의 수익이 얼마나 크고 어려운지 점차 깨닫게 될 것이다. 투자에서 중요한 목표는 잃지 않는 것과 복리로 꾸준히 불려나가는 것이다. 그래야 부를 쌓아나갈 수 있다.

아래는 미국주식 VOO ETF의 주가 흐름과 나의 자산의 흐름을 나타낸 그래프이다. 2014년부터 2020년까지 내 자산에서 주식투자가 차지하는 비중은 약 60%에 달했고 이에 따라 내 자산의 큰 흐름은 주식시장의 흐름과 비슷하게 움직였다. 〈그림 16〉을 보면 내 자산은 2014년에서 2019년까지는 적극적인 저축과 투자로 인해서 완만하게 상승했으나 2020년 코로나 주가폭락으로 인해 그 상승세가 꺾였다. 그러나 나는 이 폭락 시기를 기회삼아 약 2,800만원의 금액을 VOO ETF에 추가로 투자했고 그 결과, 시장이 손실을 회복하고 초기 강세

요즘 투자

장에 진입했을 때, 꽤 좋은 수익률을 얻을 수 있었다.

<u>그림 16</u> 23세부터 시작된 나의 자산 흐름도

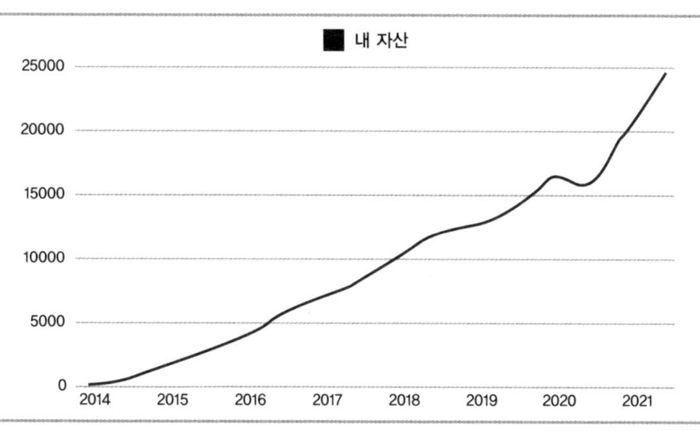

<u>그림 17</u> 내가 투자했던 VOO ETF 흐름도

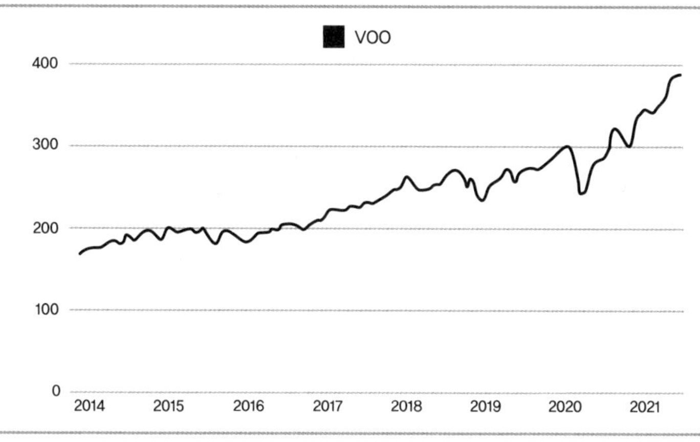

이쯤 되면 당신도 왜 투자를 해야 하는지, 투자로 인한 자산 증가 속도가 얼마나 빠른지 알 수 있을 것이다. 만약 내가 투자를 하지 않고 단순 저축만 했었다면 어떤 일이 일어났을까?

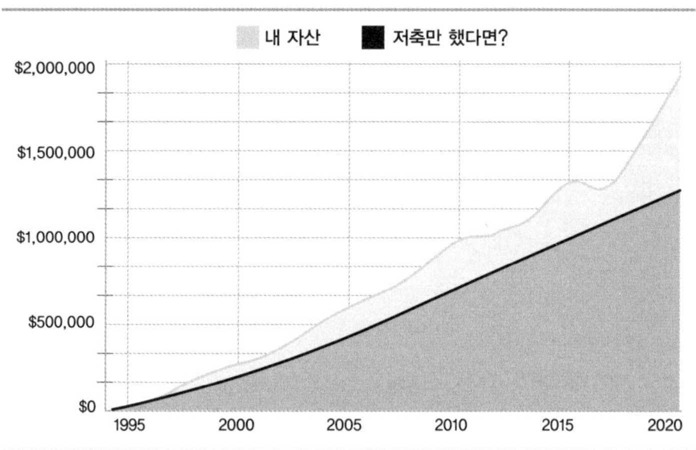

〈그림 18〉을 보면 알 수 있듯 7년 동안 열심히 저축을 해봤자 1억 6천만 원을 겨우 넘겼을 것이고 이는 현재 내 자산의 평가 금액과 약 8~9천만 원의 차이가 난다. 그리고 이 차이는 시간이 지나면 지날수록 점점 눈덩이처럼 더 커질 것이다.

사실 자산관리 계획은 복잡할 필요가 전혀 없는데도 수많은 자산 플래너들은 알 수 없는 상품들과 정보들을 들이밀며 당신이 스스로 자산관리를 할 수 없도록 만든다. 그러나 아래와 같은 단순한 계획만으로 여러분도 전문가 못지않은 뛰어난 수익을 얻을 수 있다는 사실을 깨달았으면 한다.

① 주식시장에 장기 투자할 경우 안정적인 수익률을 얻을 수 있다. (미국주식 기준 연평균 10%의 수익률).

② 국내 부동산과 미국 주식은 서로 음의 상관관계를 보여주었으므로 둘 다 보유하는 것이 유리하다. (채권보다 더 음의 상관관계에 가까움)

지극히 심플한 이 명제들은 나의 개인적인 견해나 과장이 아니다. 이미 오랜 기간을 거쳐 증명된 통계적 사실이며 당신은 이 통계적 사실을 이용하여 시간을 절약하고 투자의 성공 가능성을 높일 수 있다. 복잡한 자산관리 계획이나 어려운 기술 분석으로 괴로워할 필요가 없다. 가장 중요한 포인트는 '높은 확률로 투자에 성공하는 것'이다.

파이프라인을 구축하라

몇 년 전부터 '파이프라인'이라는 단어가 화두로 떠올랐다. 파이프라인을 구축한다는 의미는 자산의 수익 흐름이 한 통로가 아닌 여러 개의 통로로 흐르게 만든다는 뜻이다. 하지만 파이프라인의 핵심은 단순히 통로의 가짓수를 늘리는 데서 그치지 않는다.

일한 만큼의 보상을 받는 파이프라인이라면 그 숫자를 늘리는 데 한계가 있을 수밖에 없고, 하나 이상만 되어도 결코 좋은 성과를 낼 수 없다. 따라서 우리는 일하지 않고도 돈을 만들어내는, 자동 수익창출 방식의 파이프라인에 집중해야 한다.

유튜버가 말하는
'반드시 유튜브 해야 하는 이유'

보통 '파이프라인을 만들라'는 말을 들으면 대단히 거창한 사업을 떠올리지만 일단 접근하기 쉬운 것부터 시도해 보는 것이 좋다. 처음 내가 구축한 파이프라인은 주식투자에서 나오는 배당금뿐이었지만 어느 순간 '무엇을 해야 할지 모를 때' 하는 주식투자 말고 다양한 경로로 파이프라인을 만들어 보고 싶었다. 그래서 시작한 것이 유튜브였다.

최근 유튜버들은 너나 할 것 없이 당장 유튜브를 시작하라고 입을 모아 말한다. 유튜브를 시작하기 전, 나는 유튜브라는 플랫폼을 재능 있는 소수만의 영역이라고 생각했다. 학창시절 발표

하나 나서서 한 적 없는 소극적인 성격의 내가 유튜버가 되리라고는 상상도 못했다.

하지만 내가 회사 일을 하며 구축할 수 있는 파이프라인은 매우 한정적이었다. 당시에는 지금에 비해 자본도 턱없이 부족했기 때문에 쉽게 시도할 수 있는 방법은 유튜브뿐이었다. 사실 아직도 영상을 통해 내 목소리를 듣고, 내 모습을 보는 일이 어색하고 오글거리기는 하지만, 근 몇 년간 가장 잘한 일을 꼽으라면 나는 단연 유튜브를 시작한 일이라고 말하고 싶다.

지금 이 글을 읽는 사람 중에는 분명히 나보다 더 뛰어나고 재능 있는 분들이 많을 것이다. 그런데도 대부분은 '나도 유튜브 한 번 해볼까?' 생각만 할 뿐 실천으로 옮기지는 않는다. 유튜브는 스마트폰 하나만 있으면 지금 당장 시작할 수 있는 무자본 사업이다. 대부분의 사람들은 유튜브의 광고로 인한 수익 창출에만 집중하지만 내가 생각하는 유튜브의 진가는 따로 있다.

유튜브는 당신의 파이프라인을 광범위하게 넓혀줄 엄청난 잠재력이 내포되어 있다. 당신의 채널이 일정 수준 이상 알려지면 외부 광고, 책 출간, 강연, 방송출연 제의 등 흥미로운 기회들이 계속 파생된다.

지인인 한 유튜버는 약 2년 동안 자신의 롤모델인 '조던 피터슨’에 관한 콘텐츠를 꾸준히 제작해 왔는데, 최근 그에게 꿈만 같은 일이 일어났다. 조던 피터슨 팀에서 함께 작업하자는 제의가 온 것이다. 그 후 조던 피터슨의 새로운 책이 한국에 출간되었을 때 추천사에 자신의 이름을 올릴 수 있었다.

과거 욜로의 삶을 청산하고 짠테크의 삶을 살고 있는 또 다른 유튜버는, 자신의 채널을 통해 많은 이들에게 적잖은 영향력을 끼치고 있다. 겉보기에는 평범한 20대 여성이지만 꾸준한 유튜브 활동으로 그녀는 동년배에게 멘토로서 영향력을 끼치는 짠테크의 상징이 되어가고 있다.

나 또한 지난 7년간 저축과 투자를 통해 20대에 1억 자산을 만든 경험을 바탕으로 2020년 1월에 유튜브를 시작했다. 감사하게도 많은 분들의 사랑을 받아 한 주에 국내 유튜버 2명만 꼽히는 ‘유튜브 라이징스타’에 선정되었고 방송에 출연할 기회도 있었으며, 최근에는 무려 5개의 출판사로부터 출간제의를 받았다. 그리고 결국 이렇게 책을 통해 저자로 당신과 만나게 되었다. 다시 한 번 말하지만 나는 지극히 평범하고 보잘것없던 사람이다.

많은 이들이 유튜브를 레드오션이라 말하지만, 나는 여전히 유튜브는 블루오션이라고 생각한다. 다른 누가 아닌 당신만이

할 수 있는 참신한 이야기에 집중한다면 유튜버로 흥하기란 불
가능하지 않다.

당신이 지금 당장 유튜브를 시작해야 하는 진짜 이유는 또 있
다. 유튜브 콘텐츠 제작은 실제 사업 프로세스와 매우 비슷하다.

유튜버 콘텐츠 제작 과정
구상 – 촬영 – 편집 – 포장(썸네일) – 출시

사업 과정
구상 – 시제품제작 – 수정 – 양산준비 – 판매

유튜브도 하나의 사업과 같다. 채널에 업로드하는 콘텐츠는
상품과 같고 콘텐츠에 관한 시청자들의 반응은 상품을 출시했을
때 소비자들의 반응과 같다. 유튜버들이 사용하는 유튜브스튜디
오라는 앱은 시청자들의 반응이 어떤지 분석해 주고 우리는 이
를을 통해 더욱 전략적으로 콘텐츠를 제작할 수 있다. 당신이 언
젠가 사업을 하고자 한다면 하루라도 빨리 유튜브를 시작해 보
라. 이 플랫폼은 꽤 훌륭한 사업 시뮬레이터가 될 것이다.

파이프라인 구축 과정
: 사업 투자(프랜차이즈)

파이프라인 구축의 핵심은 덜 움직이고(아예 움직이지 않으면 더 좋다) 더 많은 돈을 버는 시스템을 만들어내는 것이다.

현재 나는 회사를 다니면서 비교적 단순한 시스템을 가지고 있는 하나의 사업에 투자하고 있다. 초기 약 5,000만원 가량을 투자했고 5개월 만에 1,322만원을 회수한 상태다. 나는 사업을 시작했다고 말하지만 엄밀히 따지자면 이것은 사업보다는 '투자'에 가깝다.

휴먼 레버리지

내가 사업에 참여하는 형태는 겉으로는 동업에 가까워 보이지만, 실제로는 조금 다른 개념이다. 내가 창업비용의 50%를 투자하고 사업주에게 가게 운영을 100% 맡기는 형식이다. 나는 자본이 부족한 실력가에게 자본을 대고 경영에 크게 관여하지 않는다. 투자자로서 순수익에서 일정 로열티를 받을 뿐이다. 따라서 휴먼 레버리지인 동시에 휴먼 리스크를 진다. 이 또한 투자가로서 선택과 판단에 대한 책임을 져야 하며 레버리지가 될지 리스크가 될지는 자신에게 달려 있다.

그림 19 자본주의 사회의 계급

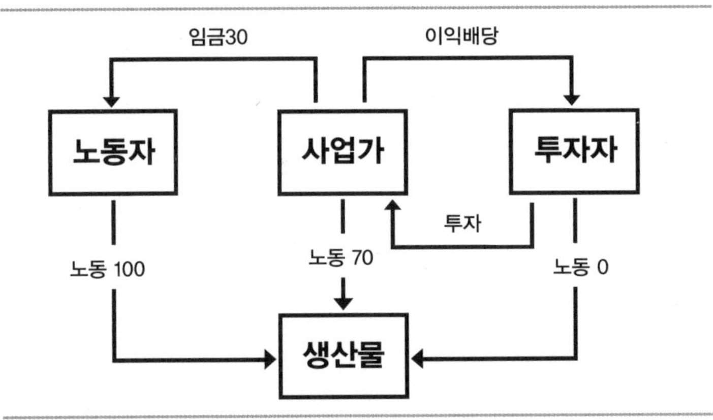

자본주의 사회에서 계급은 크게 노동자, 사업가, 투자자로 나뉜다. 〈그림 19〉는 각 계급에 따른 생산가치, 위험도, 만족도를 나타낸다. 노동자는 생산물에 자신의 시간과 노동력을 100% 쏟아붓지만 겨우 30%가량의 임금만 보상받는다. 반면 사업가와 투자자는 생산물에 쏟는 시간과 노동력이 0~70% 정도에 불과하지만 노동자보다 높은 수준의 보상을 받는다. 사업가와 투자자는 생산력을 보유하고 있기 때문에 노동과 대가에 대한 만족도가 상당히 높다.

대다수의 사람들은 노동자에 해당된다. 하지만 다행히 자본주의 사회의 계급은 고정되어 있지 않고, 자유롭게 계층 간 이동을 실현할 수 있다. 한 기업의 노동자가 주식에 투자할 수 있고 사업을 통해 수익을 낼 수 있듯이 말이다.

나의 경우 노동자인 동시에 자본가, 투자자가 되고자 한다. 처음 사업을 시작하려 했을 때 나는 내가 그 분야에 정통하지 않은 무경험자라는 사실을 인정했다. 내가 잘 해낼 수 있는 본업을 계속해 나가면서 그 분야에 대해 나보다 더 잘 알고, 운영능력이 뛰어난 사람을 찾기로 했다.

자본은 있지만 그 분야에 경험과 재능이 부족한 나와, 경험과 재능은 있지만 자본이 부족한 누군가가 만난다면 분명 좋은 시너지를 내리라 확신했다. 믿을 만한 적임자를 찾은 후, 그를 사업가로 세우기 위해 나의 자본을 투자했다. 그 결과 나는 사업가가 아닌 투자자로서, 무노동 불로소득 시스템을 구축하고 있다. 나는 이를 '휴먼 레버리지'라고 부른다.

'상호보완'이 중점이라는 점에서 동업과는 조금 다른 개념이며 갑을, 상하 관계라기보다는 상생 관계에 가깝다. 서로의 장단점을 잘 보완하고 융합한다면, 노동자와 노동자는 사업가와 투자자의 관계로서 최고의 사업 파트너가 될 수 있다. 나는 그들에게 자본을 투자하고, 사업 파트너들은 관련 업종의 지식과 경험을 통해 내게 일정 수익을 돌려준다.

노동자가 '휴먼 레버리지'를 통해 투자자, 자본가가 되기 위해서는 아래와 같은 과정이 필요하다.

자본력을 만들어야 한다

규모나 종류에 따라 초기비용이 천차만별이기 때문에 명확한 기준을 정하기 어렵지만 사업 또는 창업에 투자자로 참여하려면 최소 1억 이상의 현금을 가지고 있어야 한다. 현재 당신이 저축하고 투자하여 불려가는 돈들이 훗날 자본가, 투자자가 되기 위한 밑거름이 될 수 있다. 그렇기 때문에 이 단계에서 시간의 효율성을 최대한 극대화하여 돈을 불려야 한다.

적임자를 염두에 두자

당신 혼자서 사업을 성공시키기는 어렵다. '애플' 하면 바로 스티브 잡스가 떠오르겠지만, 창업 초기 스티브 워즈니악의 능력이 없었다면 지금의 애플은 없었을지도 모른다.

이처럼 당신은 당신이 잘할 수 없는 일을 '잘' 해내는 사람을 찾아야 한다. 단순히 가까운 사람이 아니라 사업 분야에 대한 이해도가 높은 사람, 오랫동안 함께 일할 수 있는 사람이어야 한다. 주위에 적임자가 있는지 항상 눈여겨볼 필요가 있다. '자본력'이 있어도 '적임자'를 제대로 찾지 못한다면 당신의 사업은 파이프라인의 역할을 해낼 수 없다.

사업가에게 정당한 대우를 해주어라

사업가와 투자자는 공통된 목표와 주인의식을 갖고 사업체를 운영해야 한다. 그러기 위해서는 사업에 대한 장기적인 비전이 명확해야 하며 투자자는 사업가를 정당하게 대우해야 한다.

　간혹 투자자들이 '자본'을 투입했다는 이유로 자신이 우위에 있다고 생각하여 사업가에게 정당한 대우를 하지 않는 경우가 있다. 그런 사업체는 장기적으로 좋은 성과를 낼 수 없다. 사업가와 투자자는 동등한 상생관계임을 잊어서는 안 된다.

사업가에게 압박감을 주어서는 안 된다

투자자의 목표는 불로소득 시스템이 오랫동안 안정적으로 지속될 수 있도록 만드는 것이다. 그런데 투자자가 사업가를 지나치게 압박한다거나 부담을 준다면, 사업가는 사업체를 안정적으로 운영할 수 없다. 투자자로서 나는 직원 관리나 지출의 세부 내역까지는 관여하지 않고 매월 매입매출과 순수익을 체크하며 향후 운영에 대한 소견 정도만 전달한다. 운영을 책임져줄 적임자를 선정했다면, 투자자는 운영에 필요 이상으로 관여하지 않아야 안정적인 운영에 오히려 도움이 된다. 또, 사업은 사업가의 능력과는 별개로 언제든지 망할 수 있음을 염두에 두고 사업이 안정화되기 전까지 투자자는 사업의 운영에 지장을 주지 않을 정도의 소정의 이익만 취하는 것이 좋다.

사업 계약 전 점검해야 할 것

내가 현재 투자하는 사업은 요식업 프랜차이즈 가맹점인데 안타깝게도 우리나라에서 프랜차이즈를 바라보는 시각은 그리 긍정적이지 않다. 소수를 제외한 다수의 프랜차이즈 본사는 가맹점주보다는 본사의 이익을 우선시하여 이에 관련된 사건사고가 끊임없이 벌어지기 때문이다. 내가 프랜차이즈 가맹점에 투자하며 느낀 점은 프랜차이즈 사업도 결국 주식투자와 다르지 않다는 사실이다.

주식에서도 건강한 기업(주식종목)이 있듯 프랜차이즈 중에서도 드물지만, 착한 프랜차이즈가 있다. 주식투자를 하기 전 종목, 기업에 대한 기본적인 이해가 필요하듯 프랜차이즈 가맹사업을 할 때도 브랜드에 대한 기본 이해가 필요하며, 계약을 진행할 때 반드시 점검해야 하는 부분들이 있다. 혹시 프랜차이즈 가맹사업을 계획하는 독자가 있다면 조금이나마 도움이 되기를 바라는 마음에, 내가 계약 당시 점검했던 부분들을 공유하고자 한다.

계약 내용은 조율이 가능하다

프랜차이즈 사업의 성패는 계약 단계에서 판가름 난다고 해도 과언이 아니다. 그러나 처음 자영업을 시작하는 가맹점주들은 프랜차이즈 본사가 내미는 계약서를 대충 훑어본 후 덜컥 사인하는 경우가 대부분이다.

프랜차이즈 본사가 제시하는 계약서의 내용은 대부분 본사에게 유리하게 작성되어 있다. 하지만 가맹계약은 개인과 본사의 1:1 계약이다. 즉, 계약 내용은 본사와 협의 하에 어느 정도 조율이 가능하다. 항목 하나하나 꼼꼼하게 검토한 후 삭제하거나 보완할 내용은 없는지, 혹은 특약사항으로 추가할 내용은 없는지 살펴보자.

모든 내용을 계약서에 기재하고 녹취하라

추후 본사를 상대로 법적 문제로 다투며 시간 낭비하기를 원하지 않는다면, 반드시 모든 내용을 계약서에 기재하고 녹취하라. 계약서에 기재되지 않은 구두 합의는 법적 효력이 없다. '뭐 이런 것까지 다 적어야 하나' 싶은 정도의 아주 사소한 내용이라도 특약사항에 넣어 계약서에 기재하자. 혹시 모를 상황을 대비하여 계약 과정에서 이루어지는 모든 내용은 녹취하는 것이 좋다(프랜차이즈 영업사원에게 모든 내용을 녹취하겠다고 밝히라). 녹취는 불법이 아니며, 본사 측에서도 이를 거부할 이유가 전혀 없다.

계약 기간을 확인하고 조율하라

프랜차이즈마다 기준 계약 기간이 다를 수 있겠지만, 보통 기본 계약 3년에 2년씩 연장하는 옵션을 제시할 것이다. 본사 입장에서는 계약 기간이 길수록 유리하다. 본사는 각종 원부재료 거래처들과 장기계약 체결로 싼 값에 재료를 유통할 수 있는데 가맹점들이 계약 기간 만료로 대거 이탈할 경우 거래처 계약 공급량을 수용하지 못하는 난처한 상황이 된다.

그런데 가맹점주 입장에서는, 개업한 후 장사가 잘되지 않는다면 3년이라는 기간 동안 폐업도 못한 채 고통스러운 나날을 보내야 한다. 나의 경우 계약 당시 '3년에 2년 연장'을 '2년에 1년 연장'으로 제시했고, 본사는 이를 흔쾌히 수락했다.

해당 상권에 대한 예상매출을 요구하라

계약 전 본사에 해당 상권의 예상매출을 요구하자. 이때 서면 자료로 요구하는 것이 좋다. 구두 상으로 예상 매출에 대해 언급하는 것 자체가 불법이기 때문이다. 본사에서 예상한 매출에 비해 터무니없이 낮은 매출이 나온다면 추후에는 이를 근거로 계약해지를 요청할 수 있다.

메뉴별 원가율 리스트를 요구하라

사업할 때, 매출실적보다 중요한 것은 수익이다. 손님이 많아 눈코 뜰 새 없이 바쁜 가게의를 보면 '저 가게의 사장은 얼마나 돈을 많이 벌까' 하고 쉽게 생각하지만, 매일 문전성시를 이루는 가게보다 오히려 바로 옆 조용한 가게의 점주가 한 달에 가져가는 수익이 더 높을 수 있다. 가뜩이나 높아진 최저임금에 원가율마저 높다면 아무리 매출이 높다 한들 가맹점주가 가져갈 수 있는 이익은 거의 없기 때문이다. 요식업의 경우 적정 원가율의 기준은 30%대 초중반 정도로 잡는 것이 좋다.

계약내용 합의가 끝났다면 법무사에게 검토를 의뢰하라

모든 계약사항을 꼼꼼하게 검토했다면 프랜차이즈 전문 법무사에게 일정 수수료를 지급하고 검토를 부탁하는 것이 좋다. 수수료를 아까워해서는 안 된다. 막상 사업을 시작하면, 계약 당시 미처 생각하지 못했던 부분들로 인해 법적 분쟁이 일어날 가능성이 적지 않기 때문이다.

입지의 중요성

내가 요식업에 투자하면서 뼈저리게 느낀 점은, 당연하지만 가게는 상권과 입지가 절대적으로 중요하다는 사실이다. 요식업계에서 내로라하는 유명 쉐프가 아니라면 '요즘은 SNS로 인해 맛만 있으면 싼 곳에 자리 잡아도 알아서 찾아온다'는 생각은 애초에 버려야 한다.

비싼 자리는 그만한 이유가 있다. 음식점이나 카페를 할 생각이라면, 그리고 자영업이 처음이라면 더더욱 무리해서라도 좋은 상권에서 자리를 잡고 시작하기를 추천한다. 월세 조금 아끼겠다고 다 무너져가는 상권에 자리를 잡는다면 음식이 아무리 맛

있어도 매출을 올릴 기회조차 얻기 어렵다. 나는 가게의 위치를 선정하기 전 '나이스 비즈' 사이트의 상권분석 서비스를 활용하여 눈여겨봐둔 몇몇 상권과 입지를 비교 분석해 보았다(https://www.nicebizmap.co.kr/index.jsp).

나이스비즈맵은 '나이스평가정보'에서 제공하는 상권분석시스템이다. 원하는 상권을 지정해서 사업성을 진단받을 수도 있고 지역 내의 업종 카테고리들의 월 평균매출, 주변 지역과의 매출비교까지 확인할 수 있다. 이외에도 고객이용분석, 유동성지수, 인구통계 등 상당히 세부적인 정보들을 얻을 수 있어 사업 준비 단계에서 매우 유용한 서비스다.

기본 분석은 1일 1회 무료로 열람이 가능하다. 종합분석보고서(1회 55,000원)를 활용하면 원하는 상권의 영역을 블록 단위로 지정해서 실제 상권현황에 보다 가까운 분석을 얻을 수도 있으니 참고하길 바란다. 나는 기본분석보고서를 사용해 보고 만족해서 종합분석보고서까지 결제했다. 그 보고서를 들고 한동안은 실제로 그곳에 얼마나 많은 사람들이 오가는지, 주변 식당이나 카페에는 사람이 어느 정도인지 직접 발품을 팔며 조사했다. 결과적으로 아쉬운 부분들은 분명히 있지만, 6개월이 지난 현재 어느 정도 안정적인 매출을 유지하고 있고, 첫 시작 치고는 꽤 만족스러운 성과를 내고 있다.

에필로그

향후 투자 목표와 인생 플랜

우리가 거쳐온 초중고 교육과정의 목적은 오로지 입시였다. '공부는 엉덩이 싸움'이라는 이야기가 있을 정도로 그저 문제 하나라도 더 풀고 단어 하나라도 더 외워 명문대에 가기 위해 받았던 교육은 '자본가, 투자자'가 되는 과정과는 완전히 거리가 멀었다.

그렇게 등수라는 줄 세우기 과정을 마치고 성인이 되어 더 치열한 사회에 발을 디디면, 생존에 필요한 교육을 받을 기회는 더더욱 없어진다. 기껏해야 취업을 위한 토익, 토플공부, 회사에서 받는 연수가 전부니 말이다.

결국 학교도, 회사도 자본가나 투자자가 되는 방법은 절대 먼저 알려주지 않는다. 구체적으로는 우리가 평생 참여하고 살아가야 할 시장의 가격은 어떻게 형성되고 사업 아이템은 어떻게 선정하는지, 순이익은 어떻게 계산하는지 등은 일절 가르쳐주지 않으니 당연히 사업을 경험해본 적 없는 우리가 덜컥 사업으로 돈을 벌겠다고 나서기는 엄두가 나지 않는다. 너무나 당연한 일이다.

하지만 잘못된 교육 시스템을 탓한들 그 무엇도 바꿀 수 없다. 스스로 돈을 벌기 위해 궁리하고 배우지 않으면 결코 부자가 될 수 없다. 입시 경쟁에서 이겨 명문대를 졸업했어도, 탄탄한 대기업에 다녀도 마찬가지다.

"어떻게든 되겠지."

이러한 안일한 생각은 당신을 당신이 원하는 삶으로부터 당신을 점점 더 멀어지게 만든다. 물론 사회구성원으로서 시스템이 시키는 대로, 성실하게, 열심히 사는 것도 때로는 중요하고 의미 있다. 그러나 주도권을 빼앗긴 삶은 결코 행복할 수 없다.

우리가 원하는 삶을 살기 위해 가장 중요한 것은 스스로 주도권을 가지고 내 인생의 방향을 '내가 원하는 대로' 설정하는 것이다. 남들이 정해 놓은 목표 대신 당신만의 목표를 세우라. 그 자체로 강력한 동기가 된다. 스스로 진짜 원하는 바를 목표로 삼았을 때 최대한의 에너지와 성과를 낼 수 있다.

우리 삶은 유한하다. 성공한 삶의 핵심은 이 유한한 기간 안에 효율성을 극대화하는 데 있다. 무수히 많은 경우의 수를 시도해 보고 보완을 거듭하는 과정을 통해 나에게 가장 최적화된 방법을 찾아야 한다.

특출난 재능도, 별다른 스펙도 없이 지극히 평범한 삶을 살던 내가 서른 살에 부모님 도움 없이 내 손으로 2억 5천이라는 자산을 달성할 수 있었던 것도 결국 내가 가진 시간, 내가 가진 자원 안에서 가장 높은 효율을 낼 수 있는 방법을 찾아냈기 때문에 가능했다.

그 어느 때보다 누구나 경제적 자립 달성이 가능한 시대다! 고개를 들어 주변을 둘러보라. 정보는 넘쳐나고 돈 벌 길은 많다. 실천해 보자. 노력해 보자. 지레 포기하지 말라. 생각보다 가까이에 기회는 늘 있다. 사고를 전환해야 한다. 이제 투자는 누구에게나 필수이며, 우리는 본업 외에도 다양한 방식으로 수익의 파이프라인을 넓혀야 한다.

나는 당신이 이 책을 통해 자존감을 되찾고 당신에게 가장 최적화된, 효율적인 방법을 찾아낼 수 있기를 바란다. 그래서 마침내 당신이 그토록 꿈꾸고 원하던 삶을 살아갈 힘을 얻기를 바란다. 우리는 할 수 있다.

내가 꿈꾸는 내 일

20대의 나는 어떤 기업에 투자하고, 어떻게 효율적으로 주식투자의 수익률을 높일 수 있을지를 고민했다면, 지금의 나는 어떻게 하면 '나'라는 기업의 가치를 높일 수 있을지를 고민한다.

애초에 내가 원했던 목표는 '주식 고수'가 아니라, 경제적 자유를 누리는 '부자'가 되는 것이었기 때문이다.

그리고 경제적 자유를 누리는 부자가 되려면 주식투자에만 목맬 것이 아니라 궁극적으로 나의 가치 자체를 높여야 한다는 사실을 깨달았다. 본문에서 언급했듯이, 나는 새로운 것을 싫어한다. 실패를 두려워하기 때문이다. 과거의 나는 애초에 새로운 것을 시도하지 않음으로써 실패할 리스크를 차단해 버렸다. 만약 내가 타고난 기질대로 쭉 살았다면, 아마 주식투자는 물론 사업도 엄두조차 내지 못했을 테고 유튜브라는 채널을 통해 다양한 사람들을 만나지도 못했을 것이다.

그랬던 내가, 새로운 것을 하나둘 시도하게 된 전환점은 '실패'에 대한 관점을 바꾸기 시작하면서부터였다. 실패에는 두 가지 종류가 있다. 하나는 가치 없는 실패, 즉 가급적 하지 말아야 할 실패이며, 다른 하나는 가치 있는 실패, 즉 해볼 만한 실패다.

가치 없는 실패는 우리가 평소에 잘하던 일, 늘 해오던 일에 대한 실패다. 사실상 실패라기보다는 실수에 가깝다. 매일 해오던 업무를 반복적으로 틀린다든지, 기술자가 시공을 잘못한다든지 등이다. 이러한 실패는 반복되어서는 안 되는 실패다.

반면 가치 있는 실패는 새로운 분야에 시도하고 도전함으로써 얻는 실패다. 이런 실패는 쌓일수록 오히려 우리의 성공 가능성을 높여준다. "돌다리도 두들겨보고 건너라"라는 속담이 있듯, 어떤 결정을 할 때 신중함은 필수지만 모든 위험을 피한 채 망설이기만 해서는 절대로 성공할 수 없다.

또 한 가지 생각해야 하는 것이 있다. 어리고 젊을 때일수록 과거의 잘못된 선택을 후회하는 경우가 많다. 그런데 점점 나이를 먹어갈수록, 경험해 보지 않은 것에 대해 후회하는 경우가 훨씬 더 많아진다. 10~20대에는 '그렇게 하지 말 걸' 하고 후회했다면 30대 이후부터는 '그때 그렇게 해볼 걸' 하고 후회한다.

얼마 전 어느 커뮤니티에서 이런 글을 봤다. "나이가 드니 설령 실패하더라도 뭔지 경험이나 해볼 걸, 영원히 아무것도 모르고 이렇게 인생이 가는구나 후회되네요… 다시 시간을 과거로 돌려 젊어진다면 남이사 뭐라든 마구 도전해 볼 것 같습니다." 그리고 글쓴이와 비슷한 나이대의 사람들은 너나 할 것 없이 공감한다는 댓글을 달았다.

주변에 쏟아지는 비슷한 이야기만 보더라도 결국 인생의 끝자락에 가서는 해본 것에 대한 후회보다는 안 해본 것에 대한 후회가 더 크다. 여기서 어떻게 하면 후회 없는 삶을 살 수 있을지를 고찰할 수 있다. 후회 없는 삶이란 결국 실패하지 않는 삶이 아니라 시도하지 않고 도전하지 않는 삶이다.

> ① 더 적게 실패하기보다, 더 많이 실패하기가 오히려 성공 가능성을 높인다.
>
> ② 후회 없는 삶이란 실패하지 않는 삶이 아니라 오히려 시도하지 않는 삶이다.

결국 둘 다 같은 맥락이라고 볼 수 있다.

요즘 나는 80대쯤 됐을 때 지금의 내 젊은 날들이 후회스럽지 않으면 좋겠다는 생각을 많이 한다. 지금의 내가 20대를 돌아보면서 가장 크게 후회되는 것이 있다면, 더 어렸을 때 더 과감하게 시도하고 도전하지 않았던 것이다. 그러면서도 당장 실패에 대한 두려움 때문에 또다시 무언가에 도전하지 않는 것은 모순이다.

그래서 나는 더 늦기 전에 마음껏 시도해 보고 기꺼이 실패해 보기로 했다. 당신도 이 책을 통해 실패에 대한 두려움을 극복하고 성공하기 위한 실패를 거듭하길 마다하지 않기를 바란다. 다행히 나는 20대에 관점을 바꿨고 실천에 옮김으로써 동년배에 비해 스스로 많은 부를 이루었다. 현재 내 투자도 계획대로 잘 진행되고 있고 다양한 파이프라인이 구축되고 있다. 지금은 3억이지만 투자의 복리 마법이 시간이 흐를수록 자산을 엄청난 속도로 불려주리라 믿는다.

나는 나의 40대, 50대가 정말 기대된다. 이대로 가면 십억 자산도 꿈같은 이야기만은 아닐 것이다. 자기 건물과 최소 수십억 이상의 현금 자산, 헛된 이야기 같은가? 자본의 힘은 당신의 생각보다 크고 무섭다. 종잣돈이 모이기까지는 지난하지만 어느 지점을 넘으면 속도가 붙기 시작하는데 자산 증식 속도가 믿기지 않을 만큼 놀랍다. 실제 복리로 누적 수익률을 계산하면 안다. 돈이 불어나기 시작하면 얼마나 무섭게 가속도가 붙는지, 당신도 경험해 보기를 바란다.

그러니 하루라도 빨리 시작하자. 적은 돈이라도 당장 시작하라. 젊음이 무기다. 나이 들어버리면 젊음이라는 무기는 무슨 수를 써도 얻을 수 없는 그림의 떡이 되고 만다. 생각보다 당신은 부자가 될 가능성이 아주 높다. 시작하기만 한다면.

요즘 투자

1판 1쇄 발행 2021년 11월 20일
1판 3쇄 발행 2021년 12월 10일

지은이 똔누(임종현)
펴낸이 박현

펴낸곳 트러스트북스
등록번호 제2014-000225호
등록일자 2013년 12월 3일

주소 서울시 마포구 성미산로1길 5 백옥빌딩 202호
전화 (02) 322-3409
팩스 (02) 6933-6505
이메일 trustbooks@naver.com

ⓒ 2021 똔누(임종현)

값 16,800원
ISBN 979-11-87993-92-6 03320